GABRIELE KÄRCHER

FOLLOW the HORSES
DIE MAGIE EINER BESONDEREN WELTREISE

VORWORT

*Die Mission: Zu reisen, ohne groß zu planen,
zu gehen, ohne zu warten, zu leben, ohne zu bereuen.*

Belka und Strelka, The Fernweh Collective

Wie kommt jemand auf die Idee, rund um die Welt zu den Pferden und ihren Menschen zu reisen? Bis dorthin war es auch für mich ein langer Weg. Mich begeistert die innige Beziehung zur Natur, die beim Reiten und beim Umgang mit dem Pferd spürbar wird. Aber auch immer wieder die Verbindung mit der Fremde: Ferne Länder, Menschen und deren Pferde – die in einem völlig anderen traditionellen und kulturellen Umfeld als bei uns leben – faszinieren mich seit Langem.

Bevor es aber an die Weltreise ging, lernte ich auf einzelnen Reisen beeindruckende Pferde und eine neue Leichtigkeit beim Reiten kennen. Ganz besonders in Montanas Weiten gefällt mir die ungezwungene Art zu reiten und das natürliche, unkomplizierte Verhältnis zu den Pferden.

Die American Curly Horses, die einzigen hypoallergenen Pferde, die ich in den USA entdeckte, ließen mich zum ersten Mal sesshaft werden. Ich importierte einige nach Deutschland und begann eine Zucht auf meinem Hof im Schwarzwald. Doch Fernweh und Abenteuerlust ließen mich nie ganz los. Nach zehn Jahren Pferdezucht war die Zeit reif für etwas Neues. Nach und nach fand ich für alle meine Curlys glückliche neue Besitzer. Mein neues Projekt und großer Wunsch sollte nun Wirklichkeit werden und tröstete mich über die Trennung hinweg: Eine Reise durch die Welt der Pferde.

Um mir diesen Lebenstraum zu erfüllen, verkaufte ich den Schwarzwaldhof. Ich plante so wenig wie möglich und so viel wie nötig. Zwei Länder auf jedem Kontinent sollten es sein, mit bedeutenden Reitkulturen und Pferdezuchten. Daneben interessierten mich besonders wilde Pferde, indigene Völker und traditionelle Reiterfeste. Aus diesem Wunschzettel ergaben sich die Länderauswahl und die Zeitplanung. Ich wollte mich nicht als Touristin und auch nicht als Journalistin fühlen, sondern soweit möglich als Bewohnerin des Landes, in dem ich gerade war. Deshalb buchte ich meist private Unterkünfte, in denen ich bei Einheimischen zu Gast war und ließ mich von diesen inspirieren.

Um das Mysterium der Beziehung zwischen Menschen und Pferden zu ergründen, ließ ich so gut es ging alles Vorwissen zu Hause. Ich wollte mich ganz auf die fremde Kultur einlassen, ohne Vorurteile, ohne Wertung, ohne Vergleich. Für jedes Land ließ ich mir einen Monat Zeit, damit neben den fest geplanten Zielen und Events noch Spielraum für spontane Begegnungen und Abenteuer blieb. So begann meine große Lebens-Traumreise.

Die Kamera sollte mir in dieser Zeit der treueste Begleiter werden. Traurigkeit und Lebenslust, unberührte Natur oder von Menschen geschaffene Kunstwerke – alles habe ich versucht, in Bildern festzuhalten. Ob im Nebel des Dartmoors oder auf den Höhen von Montana: Überall ist Natur, ist Geist, ist Leben zu spüren – unmittelbar, ernst, ergreifend und lebenslustig – auf den berühmtesten Reiterfesten der Welt.

In diesem Buch möchte ich all jenen, die ich kennenlernen durfte, ein Denkmal setzen. Möchte Sie als Leser einladen, unbefangen an fremde Welten heranzugehen, sich inspirieren und anstecken zu lassen von unbändiger Freude und Lust am Leben, von Offenheit und Klarheit, von Geist und Natur.

Begleiten Sie mich in die faszinierende Welt der Pferde: Rund um die Erde!

Ihre

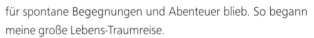

INHALT

VORWORT	3
WIE ALLES BEGANN	9

Haere mai! in NEUSEELAND

Paradies am Ende der Welt	10
Live your dream	12
Die Kawhia Horse Kids – Reiten gegen Rassismus	13
Kaimanawa – Refugium der wilden Pferde	13
Alles easy! Reiten in Kerikeri	16
Mein magischer Ort – Die Kaimanawa Berge	18

Marhaba! in MAROKKO

Amour et passion	20
Club Farah – Grüezi und Salām	22
Haras de Meknès – Die Schätze des Königs	24
„Citron" und „Fagous" – Stolz der Familie	27
Fantasia – Spiel, Sport und Spektakel	28
Mein magischer Ort – Haus Benadda	30

Welcome! in GROSSBRITANNIEN

Pferdeland der Superlative	32
Die kleinen Wilden – Ponys im Exmoor und Dartmoor	34
New Forest – Ponys haben Vorfahrt	36
Welsh Mountains – Ponys im Nebel	38
Champions – Vom Ponyclub zum Spitzensport	41
Alles auf Sieg – Showdown der Galopper	42
Große Klasse – Arclid Shires und Clydesdales	44
Highlander – Schottlands Urgesteine	47
Mein magischer Ort – Die Welsh Mountains	48

Kaheé! in MONTANA, USA

Die Freiheit von Big Sky Country	50
Mustang – Wild by nature	52
Go West – The Cowboy Way of Life	54
Riding the range	57
Crow Fair – Das große Fest der Indianer	58
Cattle Drive – Das Abenteuer ruft	60
Mein magischer Ort – Die Pryor Mountain Wild Horse Range	62

Welcome! in KANADA

Wild und ungezähmt	64
Calgary Stampede – Greatest Outdoor Show on Earth	66
Stampede Ranch – Paradies der Bocker	68
Stoneys und Wildies – Freundschaft mit der Erde	70
Mein magischer Ort – Der Pferdefriedhof der CS Ranch	72

G'Day! in AUSTRALIEN

Hoofprints of Down Under	74
Brumby, Busch und Billabong – Der Hüter von Bonrook	76
Birthday am Billabong	78
Tom Curtain – Pferdetrainer und Entertainer	81
Australian Stockhorse – Sympathisch, praktisch, gut	82
Die Pferde von Bloomfield	82
Mein magischer Ort – Bonrook Station	84

Namasthe! in INDIEN

Universum der Magie	86
Marwari – Die Fürstenpferde Rajasthans	88
Pushkar Fair – Viehmarkt und Vollmondfest	90
Die Ponys vom Himalaya – Dem Himmel so nah	92
Mein magischer Ort – Das ganze Land	94

¡Bienvenidos! in ARGENTINIEN

Reiter unter südlichem Himmel	96
Gauchos und Criollos – Die Herren der Pampa	98
Der Preis der Freiheit	100
Doma y Folklore – Die wilden Kerle von Jesús María	102
Mein magischer Ort – Keine Magie, aber ein Wohlfühlort	104

Mari mari! in CHILE

Zwischen Küste und Vulkan	106
Die Cimarrones von Chiloé – Wildpferde am Strand	108
Huilliche – die Menschen des Südens	109
Mapuche – Menschen der Erde	110
Die Vulkanreiter – Abenteuer in den Anden	112
Mein magischer Ort – Chiloé	114

¡Saludos! in SPANIEN

Pura Raza, Pura Nobleza	116
Yeguada Querencias – Wohlfühlort für Mensch und Pferd	118
La Feria de Caballo – Fest der Sinne	120
Acampo Abierto – Die Freiheit von Alburejos	122
El Rocío – Pilger, Partys, Prozessionen	124
Mein magischer Ort – El Rocío	126

Sain Bainu! in der MONGOLEI

Land im Urzustand	128
Steppenwind und Wüstensand – Die Welt der Nomaden	130
Pferde der Mongolei – Die Wilden und die Willigen	133
Pferd und Mensch – In Freiheit verbunden	134
Naadam-Fest – Das Rennen der wilden Knirpse	136
Mein magischer Ort – Die Steppe	138

Sawubona! in SÜDAFRIKA

Zwischen Traum und Hoffnung	140
Enos Mafokate – Der Held von Soweto	142
Moolmanshoek – Die Mini-Serengeti	144

Dumela! in LESOTHO

Königreich im Himmel	146
Malealea – Zu Gast bei den Basotho	148

Welkom! in NAMIBIA

Die wilden Pferde von Garub	150
Wüstenpferde – Leben am Limit	152
Mein magischer Ort – die Wüste Namib	154

NACHWORT 157

Nützliche Adressen	158
Impressum	160

EINE REISE DURCH D

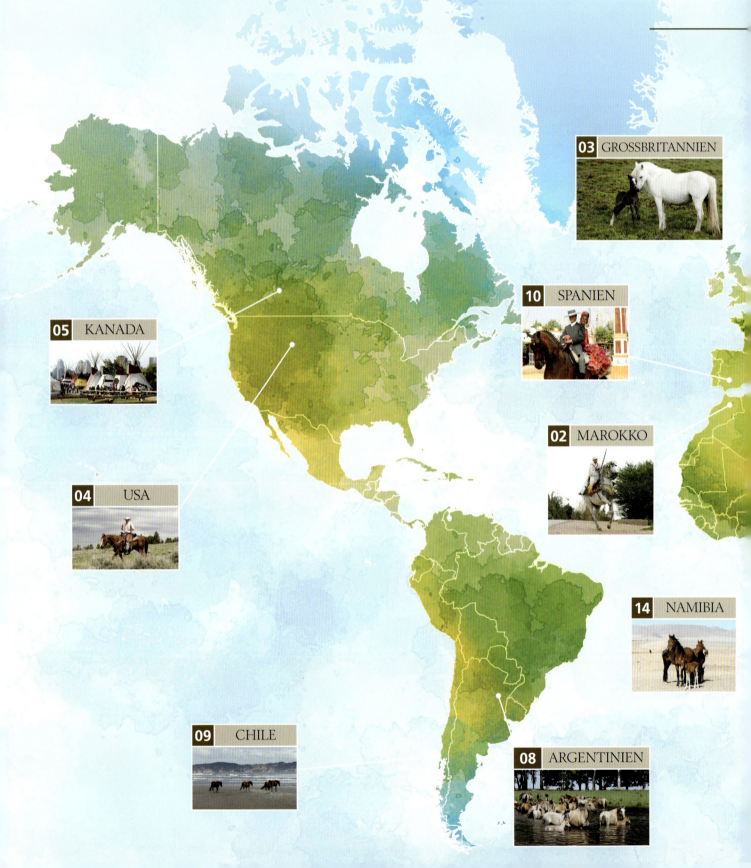

E WELT DER PFERDE

WIE ALLES BEGANN

Ich packe Streichhölzer und eine Packung Zigaretten in die Satteltaschen und reite mit Paint Horse „Spotty" in die Pryor Mountains. Wie so oft verbringe ich den Sommer im Land der Crow Indianer im US Bundesstaat Montana. Die Berge sind den Crows heilig. Dort, so sagen sie, leben die „Little People", ein uralter Stamm kleinwüchsiger Menschen. Sie zeigen sich nur ausgewählten Personen und strafen Menschen, die die Natur und den Großen Geist missachten mit allerlei Tricks. Wer in ihr Reich eindringt, bringt Geschenke wie etwa Zigaretten mit, um sie zu besänftigen.

„Spottys" gleichmäßige Schritte erden mich. Es gibt nur uns beide. Pferde haben mich mein Leben lang begleitet. Hier, in der Weite des amerikanischen Westens, scheinen sie mir besonders eng mit der Natur verbunden. Nach gut zwei Stunden erreichen wir eine Feuerstelle am Waldrand. Über uns blauer Himmel und vor uns die goldene Prärie. Ich sattle ab und führe „Spotty" an einen Bach zum Trinken. Ich selbst verzichte für 24 Stunden auf Essen und Trinken, inspiriert vom indianischen Brauch der Visionssuche.

Im dichten Gebüsch stimme ich ein Liedchen an, um Schwarzbären zu vertreiben. Diese sind scheu und werden höchstens gefährlich, wenn man sie erschreckt. Das soll mein Trällern verhindern.

Zurück am Lagerplatz lege ich die Marlboros unter einen Busch abseits der Feuerstelle. Ich lasse „Spotty" grasen, bevor ich ihn für die Nacht an einem Baum anbinde. Ich sammle Holz und trockenes Präriegras und bringe mit etwas Mühe ein Feuer in Gang. Die knisternden Flammen, die untergehende Sonne, der Duft des wilden Salbeis ersticken alle Gedanken. Fahles Mondlicht verzaubert die Berghänge, ich atme die Kraft der Wildnis und fühle mich winzig und großartig zugleich. Aus der Natur schöpfe ich ein Urvertrauen, das sogar die Furcht vor Bären und Pumas überdeckt und mir den Schlaf eines Neugeborenen beschert.

Im Traum höre ich ferne Trommeln, die mich vom Schlaf- in den Wachzustand begleiten. „Spottys" ungeduldiges Stampfen mischt sich in den Rhythmus. Ich öffne die Augen in der frühen Morgendämmerung. Froh, den Sonnenaufgang nicht zu verpassen, führe ich „Spotty" zum Grasen, setze mich auf einen Stein und blicke nach Osten.

Fasziniert lausche ich dem Trommeln, das ich zuerst für Einbildung hielt. Es begleitet den Sundance, ein traditionelles Ritual der Indianer. Die fernen Laute, die Morgenstimmung, das zufriedene Kauen des Pferdes berühren mein Herz und meine Seele. Stunden später fühle ich einen tiefen Frieden. Ich denke an die Little People. Was wollen sie mir sagen? Ich lasse mich von „Spotty" die Hänge der Pryor Mountains hinuntertragen und genieße jeden Atemzug. Wie ein zartes Pflänzchen keimt eine Neugier in mir. Wie viele magische Orte wie diesen gibt es noch? Plötzlich ist alles klar! Ich werde mich auf die Suche danach machen. Und zwar auf der ganzen Welt. Das ist meine Vision! Die Stimmen der Little People.

Haere mai!
IN NEUSEELAND

Paradies am Ende der Welt

*Gehe in das Tal unserer Vorfahren,
lerne aus der Geschichte, und bestaune die Schönheit.*
Māori Weisheit

FOLLOW THE HORSES | NEUSEELAND

Haere mai!
IN NEUSEELAND

Live your dream

Die Sonne brennt heiß auf sattgrünes Hügelland. Barfuß in Shorts und Shirts machen die Menschen Weihnachtseinkäufe. Advent im Frühsommer. So beginnt meine große Reise im Küstenstädtchen Thames auf Neuseelands Nordinsel.

Meine Gastgeber in Thames sind Matthias und Elena John, eine deutsch-spanische Auswandererfamilie. Trotz ihrer fünf Kinder und einer gutgehenden Arztpraxis haben die Johns die Sicherheit in Deutschland gegen ihren Traum eingetauscht: Ein neues Leben am anderen Ende der Welt. Schnell werden auch die Johns echte Kiwis – wie sich die Neuseeländer selbst nennen – und übernehmen deren Mentalität: Jeder hilft jedem, alle sind einander ebenbürtig. Keiner erhebt sich über andere. Schnell gewinnen sie Freunde unter den Pākehā (Weißen) und den Māori, den ersten Bewohnern Neuseelands.

Die Johns sind meine Basis für die Expeditionen durch Neuseelands Nordinsel. Mit ihrer Freundlichkeit, ihrem Interesse und ihrer Unterstützung schaffen sie mir ein wunderbares Zuhause auf Zeit.

ALLES KIWI

Gleich dreifach ist das Wort Kiwi besetzt:
1. Die Frucht.
2. Der neuseeländische Nationalvogel.
3. Die Neuseeländer selbst.

Hongi – das Kennenlern-Ritual der Māori. Man gibt sich die Hand und drückt Stirn und Nase aneinander. So verbindet sich der Lebensatem.

Aotea und ihre Freunde gehen ganz unbekümmert mit den Pferden um.

Die Kawhia Horse Kids
Reiten gegen Rassismus

„Wenn ich eine Million Hektar Land hätte, würde ich daraus ein Schutzgebiet für Wildpferde machen", sagt die zehnjährige Aotea und streichelt die Nüstern ihrer Araberstute „Gaia". Als ihre Familie vor einigen Jahren vom Land in die Stadt ziehen musste, fühlte sie sich wie ein wildes Pferd, dem die Freiheit genommen wurde.

Aoteas Familie ist seit Generationen den Pferden verbunden. Sie gehört zum Māori-Stamm der Tainui, der vor vielen hundert Jahren im Gebiet des Hafenstädtchens Kawhia nach Neuseeland kam. Die Europäer brachten Pferde auf die Insel, aber auch Krieg und Unterdrückung. Statt zu grollen, setzt Aoteas Vater Bevan Taylor auf Versöhnung. Die Familie kehrt zurück nach Kawhia, und Bevan gründet den „Kawhia Kids Horse Riding Club", wo Kinder jeglicher Herkunft und Hautfarbe miteinander reiten und Spaß haben.

Die Kids galoppieren vergnügt über den schwarzen Strand. Aotea steht sogar auf und steuert „Gaia" nur mit Stimme und Zügel. Wild und furchtlos. Kein Wunder, dass sie sich den wilden Pferden verbunden fühlt! Die letzte große Herde beweidet das Kaimanawa Gebirge im Zentrum der Nordinsel.

Kaimanawa
Refugium der wilden Pferde

Der Bus quält sich über steile Schotterstraßen der Kaimanawa Berge ins Wildpferdeland. Ein Meer aus Grasbüscheln, dem Tussock, prägt die Landschaft, unterbrochen von Buchen und Steineiben. Wir befinden uns im Waiouru Militärgelände, das nur einmal im Jahr die Pforten für Besucher öffnet. Und zwar für die Busse der Tierschutzorganisation „Kaimanawa Heritage Horses" (KHH), die im Dezember eine Fahrt zu den Kaimanawa-Wildpferden organisiert.

KAIMANAWA

„Mein Atem ist meine Nahrung", sagte ein alter Māori-Krieger, der vor langer Zeit in unwirtlicher Bergregion im Zentrum der Nordinsel lebte. „Kai" steht für Nahrung, „Manawa" für Atem – so bekamen die Berge und die dort lebenden Wildpferde den Namen Kaimanawa.

MĀORI UND HŌIHO

Erst 1814, etwa 500 Jahre nach Ankunft der Māori, bringen Europäer die ersten Pferde nach Neuseeland. Die Māori sind beeindruckt von dem großen Tier. Sie nennen es Taniwha (Ungeheuer), Tipua (übernatürliches Wesen) oder Kurā wahatangata (Hund, der Menschen trägt). Schließlich nennen sie das Pferd Hōiho – abgeleitet vom englischen „horse".

Die Geschichte ist immer wieder die gleiche: Verwilderte Pferde werden von Farmern als unliebsame Futterkonkurrenten abgeschlachtet. Die KHH setzt sich seit 2003 für die wilden Pferde ein und macht die Greuel öffentlich. Die Kaimanawa Berge sind die letzte Zuflucht der gejagten Pferde. Das Militär, das in dieser Region ein Übungsgelände betreibt, erklärt sich bereit, die Tiere zu schützen. Trotz Schießübungen – hier sind die „Kais" heute sicher.

Unser Bus fährt vorbei an Kasernen, Waffen- und Munitionsdepots. Nach einer knappen Stunde zeigen sich die ersten Kaimanawas. Mein Herz klopft, als hätte ich noch nie wilde Pferde gesehen.

Eine kleine Gruppe, angeführt von einem grauen Hengst, steht auf einer Anhöhe. Die Besucher steigen aus dem Bus und stemmen sich gegen den eisigen Wind, der über das Land fegt. Menschen und Pferde beäugen sich gegenseitig. Zwischen Neugier und Nervosität bleiben die scheuen Tiere in sicherer Distanz. Kameras klicken, Augen leuchten.

Pferde, die nie ein Mensch berührt hat, haben diese ganz besondere Aura. Den Stolz und die Ästhetik der Freiheit.

Kaimanawas sind keine einheitliche Rasse. Alle Farben kommen vor, Füchse und Braune überwiegen. Einige sind braun mit hellem Mehlmaul. Diese Färbung lässt auf Verwandtschaft mit dem britischen Exmoorpony schließen.

Ein Besucher geht auf Zehenspitzen ein, zwei Schritte auf die Pferde zu. Das reicht, und der Graue prustet Alarm. Synchron drehen die Pferde ab und stieben davon. Viele Augen, die nicht nur vom Wind feucht sind, blicken der Staubwolke nach.

Weitere Gruppen zeigen sich, die aus zwei bis zehn Pferden bestehen. Wie Gemsen erklimmen sie Steilhänge. Die Fohlen liegen an windgeschützten Stellen sorglos in der Sonne. Am zutraulichsten sind die Junggesellengruppen, die die Zweibeiner schon mal etwas näherkommen lassen.

Um das empfindliche Ökosystem zu schützen, werden alle zwei Jahre sogenannte „Muster" durchgeführt. Überzählige Pferde werden in Corrals getrieben und an neue Besitzer vermittelt. Leider gibt es nicht genügend Interessenten, die in der Lage sind, ein wildes Pferd zu halten oder gar zu zähmen. 2014 hat die KHH die Kaimanawa Challenge ins Leben gerufen, einen Trainingswettbewerb, bei dem Wildpferde von Profitrainern eingeritten werden. Dadurch soll die Zahl der Vermittlungen erhöht werden. Also fahre ich als nächstes zu den „Kaimanawa-Flüsterern".

Alles easy! Reiten in Kerikeri

Neuseeländer haben ein starkes Wir-Gefühl. Sie packen an, klagen nicht. Statt zu kritisieren, motiviert man sich lieber durch Lob und Ermutigung. Mit der typischen Kiwi-Mentalität betreiben Kate Hewlett und Tim Featherstone in Kerikeri ein „All-in-One"-Reitzentrum.

Kate kocht Kaffee, knuddelt ihr Jüngstes und erklärt mir, was sie und ihr Mann Tim so machen. Pferdezucht, Ausbildung und Reitschule, Feriencamps und Turniersport. Und die drei kleinen Kinder? Sind natürlich immer mit dabei.

Knapp zweihundert Pferde verschiedener Rassen und Größen führen ein freies Leben im Herdenverband. Darunter auch Kaimanawas. Zwei junge Hengste bilden Kate und Tim im Rahmen der Kaimanawa Challenge gerade aus. Ihre Ruhe und

In einer großen Herde dürfen die Pferde in Kerikeri ihre Freizeit auf der Weide genießen.

Geduld übertragen sich auf die Wildlinge, und so fassen sie schnell Vertrauen.

Nebenan auf dem großen Sandplatz üben Ponykinder; Freizeit- und Turnierreiter vervollständigen ihre Reitkünste. Jeder nimmt Rücksicht auf den anderen, keiner ist besser oder wichtiger. Große und kleine Pferdemädchen reiten mal mit, mal ohne Sattel; mal mit, mal ohne Trense, zum Teil in Shorts und Stiefeln. Frisch, fröhlich, frei – mit strahlendem Lächeln. Sie springen in bestem Stil über klotzige Hürden und kühlen sich anschließend im nahen Badeteich ab. Kein Pferd streikt, bockt, zickt oder kickt. Kate steht dabei, das Baby im Tragetuch. Statt zu kommentieren oder zu korrigieren, schweigt sie und lässt die Reitschüler ihre Fehler selbst erkennen. Wenn es gewünscht ist, hilft sie mit Rat und Tat.

Wie schaffen Kate und Tim dieses Riesenprogramm? Ganz einfach. Alle helfen mit. Wenn irgendwo Not am Mann ist, fühlt sich immer jemand zuständig und springt ein. Das ist typisch Kiwi.

Familienglück bei Kate und Tim.

Von der Wildnis in die Freiheit: die Kais werden ohne Zwänge gehalten und geritten.

Sowohl Neuseelands Pferde als auch die Māori-Kinder bezaubern mich.

Mein magischer Ort

DIE KAIMANAWA BERGE

Bis vor achthundert Jahren war Neuseeland menschenfreie Zone. Ein friedliches Paradies mit vorwiegend endemischen Tier- und Pflanzenarten. Die Einwanderer haben viel zerstört, das gilt für die Māori und erst recht für die Weißen. Doch heute ist das Umweltbewusstsein groß. Das Paradies zeigt sich im Dschungel, an Traumstränden, in grünen Hügellandschaften, im milden Klima, in der gelebten Māori-Kultur.

Neuseeland, das ist „Peace of Paradise" – ein paradiesischer Frieden. Alles scheint ein bisschen leichter, friedlicher, heiterer. Das gilt auch für den Umgang mit den Pferden. Besonders berührt hat mich mein Besuch bei den Kaimanawas. Trotz rauer Natur liegt eine Leichtigkeit und ein Zauber über den Bergen, den Menschen und den Tieren, den man spüren kann. Mit jedem Atemzug entsteht eine Verbindung zu dieser ursprünglichen Landschaft und ihren Bewohnern. Dieser Frieden zeigt sich nicht zuletzt in der pragmatischen und respektvollen Zusammenarbeit zwischen Tierschützern, Behörde und Militär. Alle sind lösungsorientiert und achten den Standpunkt des Anderen. Die Kais erscheinen mir graziler, anmutiger als die meisten anderen wild lebenden Pferde. Auch darin zeigt sich für mich die Harmonie und die Magie Neuseelands.

„Ko taku Reo taku Mapihi Mauria"
(Meine Sprache ist das Fenster zu meiner Seele.)

Māori Weisheit

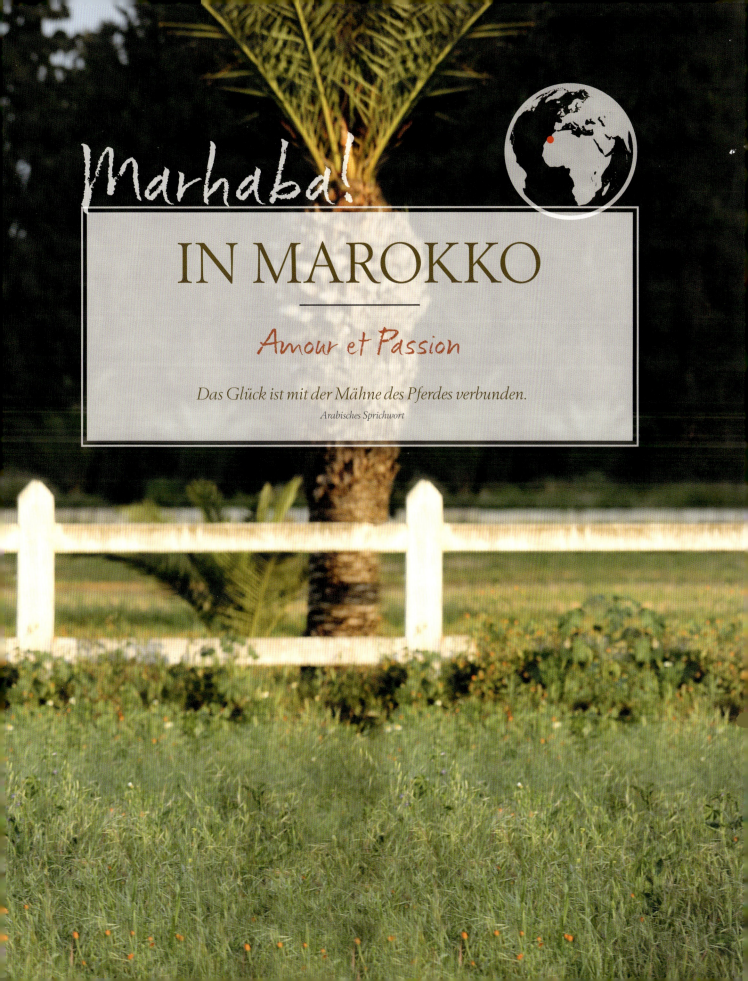

Marhaba!
IN MAROKKO

Amour et Passion

Das Glück ist mit der Mähne des Pferdes verbunden.
Arabisches Sprichwort

FOLLOW THE HORSES | MAROKKO

Marhaba!
IN MAROKKO

Club Farah
Grüezi und Salām!

Es gießt wie aus Kübeln, finstere Wolken hängen über dem Land, mich fröstelt. So habe ich mir Marokko nicht vorgestellt. Ich befinde mich im Norden, auf der Straße von Casablanca nach Meknès. Felder und Olivenhaine bestimmen die Landschaft. Das Land ist grün und fruchtbar, dank der Regenfälle bis in den Mai.

Ich besuche den Club Farah von Rena und Dris Erroudani. Rena ist Schweizerin, machte als junge Frau ein Praktikum im Gestüt in Meknès, wo sie Dris und die marokkanische Lebensart kennen- und lieben lernte. Die beiden verbindet ihre Liebe zu den Pferden und sie schufen sich den eigenen Be-

Freunde: die Hengste des Club Farah.

Rena führt Feriengäste durch alle Teile Marokkos.

trieb, wo sie Reitunterricht geben, Pferde züchten, Reittouren organisieren.

Als ich ankomme, repariert Rena gerade das Sattelzeug. Nach jeder Reittour bereitet sie schon die nächste vor. Im Haus duftet es nach Hühnchen und Kardamon. Köchin Attikas köstlicher Couscous tröstet über das Wetter hinweg.

Tags darauf scheint schon wieder die Sonne. Die Pferdepfleger lassen die Stuten mit ihren Fohlen auf die Weide. Am Nachmittag sind die Hengste dran. Wallache gibt es in Marokko so gut wie nicht, denn in den arabischen Ländern ist das Kastrieren verpönt. Hengste und Stuten gemeinsam auf der Reittour? „Kein Problem, wenn man ein bisschen achtgibt", sagt Rena. Sie nimmt mich mit auf einen Ausritt und überzeugt mich davon, wie anständig ihre Pferde sind. Zwischen den Reittouren findet Rena auch noch Zeit, bei Distanzrennen zu starten. Alle Pferde sind dafür trainiert, gertenschlank, aber voller Energie. Das merke ich bei meiner Stute „Kaoukab". Sie drängt vorwärts, lässt sich jedoch gut kontrollieren. Herrlich!

Vertrauen: Berber-Araberhengst „Tafal" ist der erklärte Liebling der sechzehnjährigen Houda.

Renas Reitgäste sind zumeist weiblich. Ansonsten ist Reiten in Marokko Männersache. Dachte ich. Doch auch hier haben die Mädchen ihre Liebe zu Pferden entdeckt. Während die Jungs eher die traditionelle Reitweise ihrer Väter erlernen, nehmen die Mädchen bei Dris jedes Wochenende Spring- und Dressurunterricht. Das Schmusen mit den Pferden gehört dazu.

Haras de Meknès
Die Schätze des Königs

Mitten in der Stadt, geschützt durch eine riesige Mauer liegt das staatliche Gestüt „Haras Régional de Meknès", in dem Vollblutaraber, Berber und Berber-Araber gezüchtet werden. Rena begleitet mich zum Gestütsleiter Dr. Mustafa Yaâraf, der uns informiert und Fotoaufnahmen genehmigt.

Stallmeister Hafid übernimmt die Führung. Voller Eifer und mit arabischem Charme zeigt er uns die besten Zuchthengste. Voller Hingabe bringt er die edlen Tiere auf Hochglanz und streichelt sie liebevoll. Seine Augen leuchten, als er uns den Charakter jedes einzelnen Tieres beschreibt und diese Begeisterung für die Tiere ist ansteckend. Bewundernd und wie verzaubert lassen wir uns durch das Gestüt führen.

Eine lange Palmenallee führt vorbei an gepflegten Weidezäunen zum Stutenstall am anderen Ende der Anlage. Helfer öffnen die Boxen und lassen die Stuten in den Innenhof, wo sie am Brunnen ihren Durst löschen. Dann geht es hinaus auf die Weide, auf der Stuten und Fohlen übermütig ein paar Runden drehen, bevor sie die Köpfe ins Gras senken.

RENDEZVOUS DER TRAUMPFERDE

Schon vor 4000 Jahren waren Berberpferde die Gefährten nomadischer Stämme im nordafrikanischen Raum. Erst im siebten Jahrhundert nach Christus erobern Araber das Land der Berber und bringen ihre feinen orientalischen Pferde mit. Kraft, Mut und Treue des Berbers treffen auf den Adel, die Schönheit und Schnelligkeit des Vollblutarabers. So entsteht der Araber-Berber, der die Vorzüge beider Rassen in sich vereint.

Im Gestüt herrscht derweil reges Treiben. In klapprigen LKW oder auf der Ladefläche alter Pickups werden Pferde zum Decken oder zur Körung gebracht. Die Hengste des Gestüts stehen privaten Züchtern kostenlos zur Belegung ihrer Stuten zur Verfügung. Das sind vorwiegend Bauern, die ihre Pferde im marokkanischen Traditionssport, der Fantasia, einsetzen. Aber auch Züchter von Sportpferden nutzen die staatlichen Deckhengste, denn der Springsport steht beim Königshaus hoch im Kurs.

Rena stellt ihren Hengst „Oucal" der Körkommission vor. Mit knapp 1,50 m Stockmaß ist der hübsche Rappe leider zu klein, denn auch hier geht der Trend zur Größe. Für mich ist das kein Kriterium, denn ich habe Renas Pferde längst ins Herz geschlossen. Mühelos machen sie ihre 30 bis 60 Kilometer am Tag. Sie sind muskulös, kerngesund und verlässlich. Anerkennend bestätigt Dr. Yaâraf „Oucals" Qualität als Distanzpferd.

Schönheit und Grazie sind in den Pferden des Gestüts Meknès vereint. Die traditionellen Rassen Berber und Araber werden hier reingezüchtet, aber auch Araber-Berber, die beliebteste Rasse der Marokkaner.

Vor dem Gestütstor präsentiert Hafid den Vollblutaraberhengst Al Assil.

TERRE-A-TERRE

Übersetzt heißt diese Lektion „Boden zu Boden". In höchster Versammlung vollführt das Pferd Galoppsprünge praktisch auf der Stelle, also ohne oder mit minimalem Raumgewinn.

„Citron" und „Fagous"
Stolz der Familie

Echte Fantasiapferde finde ich bei Renas Mitarbeiter Abdelkader Benadda. Dessen Großfamilie lebt in einem kleinen Dorf von ihrer Landwirtschaft. Zur Begrüßung gibt es Minztee und Briouats – gefüllte Teigtaschen – aus eigenen Erzeugnissen. Die arabische Gastfreundschaft und die Küche sind umwerfend!

Dann zeigt mir Abdelkader den Stolz der Familie: die zwei Berberhengste „Citron" und „Fagous". Nebeneinander an den Fesseln angepflockt stehen sie im Hof. Viel Bewegungsfreiheit haben sie nicht, doch die beiden Schimmel sehen weder krank noch traurig aus. Im Gegenteil: Sie sind gut genährt, das Fell glänzt, ihr Blick ist ruhig und wach.

„Die Pferde sind bei uns Familienmitglieder", sagt Abdelkader und ich spüre die tiefe ehrliche Verbindung zwischen Mensch und Pferd. Die Hengste werden täglich geritten und geputzt, dadurch spüren sie die Liebe und Zuwendung der Menschen.

„Citron" benimmt sich wie ein Gentleman, als Abdelkaders Neffe Reda die Stricke löst. Dem 14jährigen steht seine erste Fantasia bevor, der traditionelle marokkanische Reiterwettkampf. Reda holt den prunkvollen Sattel aus dem Haus. Besser gesagt, die Einzelteile, denn der Sattel besteht aus einem Holzgestell sowie mehreren Schichten Filz- und Brokat-Decken, die Reda nun zusammenbaut. Nur zu zweit lässt sich das Prachtstück auf „Citrons" Rücken wuchten.

Reda legt die Dschellaba an, einen weißen Umhang, dazu Turban und weiche Ziegenlederstiefel. Abdelkader hebt ihn aufs Pferd und reicht ihm den langen Vorderlader, der zur Ausrüstung gehört. Wie ein Jockey kauert der Junge mit kurzen Bügeln im Sattel und treibt „Citron" an. Langsam reitet Reda die Straße auf und ab. Dann bringt er durch Einwirkung der schweren Messingbügel und der Kandare den Hengst zu einer Art Galopp auf der Stelle. Was von fern wie ein Schaukeln wirkt, ist die Dressurlektion „Terre-à-terre". Sobald Redas Einwirkung aufhört, steht der Hengst wieder seelenruhig.

Zum Abschied gibt mir Abdelkaders Schwester noch einen Beutel Briouats mit. Ich bedanke mich und wünsche Reda ein erfolgreiches Reiterfest. Inschallah – so Gott will!

Auf dem Boden setzt Reda den prunkvollen Sattel zusammen. Das Grundgestell ist aus Holz, Filz dient der Polsterung, Decken, Farben und Verzierungen sind in jeder Fantasia Reitermannschaft einheitlich und tragen zur Bewertung bei.

Leckerbissen direkt aus dem Ofen.

FOLLOW THE HORSES | MAROKKO

Fantasia
Spiel, Sport und Spektakel

Die ganze Pferdeliebe und Leidenschaft der Marokkaner zeigen sich bei der Fantasia oder Tbourida – wie die landestypischen Reiterspiele genannt werden. Übersetzt heißt das: „Spiel des Schwarzpulvers" und geht auf uralte Kampftaktiken der Berber zurück.

Berberzelte umgeben den Rennplatz, auf dem sich zu Beginn alle Serbas, die Reitergruppen, versammeln. Arabische Klänge und der Duft orientalischer Gewürze erfüllen die Luft.

Ich entdecke ein Mädchen, das abseits der Arena in Leggings, Shirt und Kopftuch einen Rappen warmreitet. Sie spricht englisch und erlaubt mir, sie zu fotografieren. Als sich eine Gruppe Männer in weißen Dschellabas nähert, sackt mir das Herz in die Hose. Etwas verunsichert lächle ich die streng blickenden Herren an. Habe ich sie verärgert mit meiner Fotoaktion? Plötzlich strahlen die Männer und bauen sich in einer Reihe vor mir auf. Sie gehören zu einer Serba und wollen wohl selbst von der deutschen Fotografin abgelichtet werden. Das mache ich gern und werde daraufhin von ihrem Anführer Achmed förmlich in ein Zelt gezerrt und mit vorzüglichem Hammel-Couscous belohnt. Nach dem Festmahl macht sich Achmeds Gruppe bereit für ihren Start, und ich suche mir einen guten Platz für meine Aufnahmen. Den ganzen Nachmittag finden Rennen statt bei denen die einzelnen Serbas nacheinander antreten und eine etwa 200 Meter lange Strecke zurücklegen. Es kommt auf Schnelligkeit, Kraft und Disziplin an. Aussehen und Bewegungen der Gruppe müssen möglichst synchron sein.

Es dauert nicht lange, bis Achmeds Serba zur Startlinie stolziert. Bewunderung heischend lassen die Männer ihre Hengste beängstigend hoch steigen.

Am Ende des Rennplatzes stellen sich die Reiter nebeneinander auf. Achmed ist Mokkadem – der Anführer seiner Gruppe – und gibt die Kommandos. Mit seinem Ruf „Bismillah!" bittet er Allah um Beistand. Gleichzeitig beginnen die Pferde zu tanzen. Kurz darauf ertönt Achmeds Kommando „Araw Lkhil!" Das bedeutet: „Lasst die Pferde los!". Explosionsartig preschen die Hengste nach vorn. Die Reiter schwingen die Gewehre und stoßen ein schrilles Kampfgeheul aus. Eine Staubwolke hüllt Reiter und Pferde ein. Kurz vor Errei-

Girls Power: die sechzehnjährige Hyat und die Serba ihres Vaters. Ihr Traum: bei einer der seltenen Fantasias für Mädchen zu starten.

In der Arena wirken die Pferde feurig und kaum zu bändigen, doch außerhalb sind sie ruhig und nervenstark – auch, solange sie angepflockt auf ihren Auftritt warten.

chen der Ziellinie gibt Achmed das Signal zum Schuss und eine ohrenbetäubende Gewehrsalve zerreißt die Luft. Feuerblitze schießen aus den riesigen Vorderladern, der Rauch des Schwarzpulvers steigt in den Himmel. Mit harten Paraden bringen die Männer ihre Hengste vor dem Zelt der Richter zum Stehen, grüßen und reiten vom Platz.

Die genauen Bewertungskriterien erschließen sich mir nicht. Ich weiß nur, dass es auf die Gleichzeitigkeit und auf einen einheitlichen Gesamteindruck ankommt. Ideal wäre also, wenn beim Schießen nur ein Knall zu hören wäre, doch das ist kaum zu schaffen. Die Pferde haben ganz sicher schon viele dieser markerschütternden Schüsse gehört, denn sie lassen sich nicht davon stören.

Zum Abschluss des Spektakels starten die Jugendlichen und ich sehe meinen Freund Reda wieder. Sein Blick ist ernst und konzentriert. Ich fiebere mit ihm bei seinem ersten Ritt. Nach „Citrons" ersten Galoppsprüngen verfliegt Redas Nervosität. Jetzt gibt es nur noch ihn und das Pferd. Vorwärts, Schuss, Stopp, Gruß. Geschafft! Reda fühlt sich wie ein Held. Dankbar tätschelt er „Citrons" Hals und reitet strahlend zu den stolzen Eltern. Die erste Prüfung ist gemeistert.

Mein magischer Ort

HAUS BENADDA

Viele haben mich vor Marokko gewarnt. Ich müsse mich auf Belästigungen und Abzocke gefasst machen. Nichts davon stimmt, bewegt man sich abseits der Touristenzentren. Mit Respekt und ohne Scheu gehe ich auf die Menschen zu. So finde ich Einheimische, die freundlich und vorbehaltlos ihre Türen und ihre Herzen öffnen. Wie die Familie Benadda, deren Fröhlichkeit mich begeistert. Zuerst bin ich verstört, als ich die angepflockten Hengste sehe. Keine Frage: die Menschen lieben und verehren ihre Pferde, aber wie passt das zusammen? Traditionell gehören Pferde bei den Arabern zur Familie. Vor allem die kostbaren Hengste werden daher am Haus gehalten, schon um Diebstahl vorzubeugen. Bei den Benaddas ist immer was los. Kinder spielen vorm Haus, Hühner, Schafe, Esel laufen über den Hof. Frauen backen Brot im Holzofen. Pferde sind Bestandteil des Familienalltags. Sie erleben in unmittelbarer Umgebung des Hauses das bunte Treiben mit, erhalten hier mal eine freundliche Ansprache, dort eine Streicheleinheit. Diese lebendige und achtsame Atmosphäre ist typisch für das marokkanische Familienleben. Hier begegne ich der Seele des Landes, den Herzen der Menschen. Das ist das echte, das magische Marokko.

Wenn man den Weg verliert, lernt man ihn kennen.
Sprichwort der Tuareg

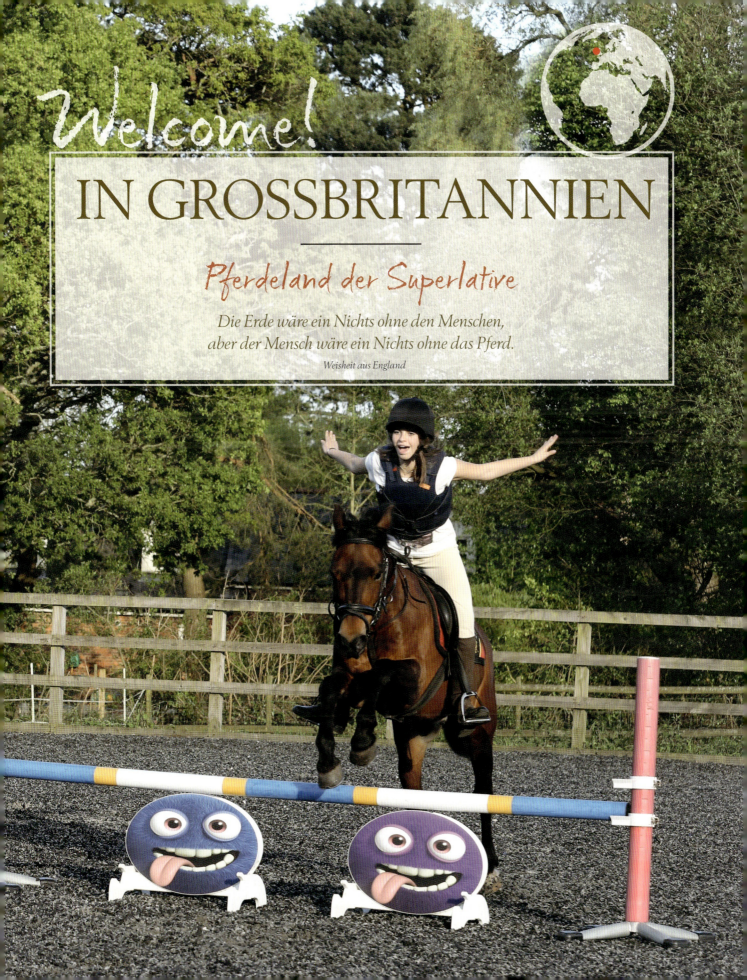

Welcome! IN GROSSBRITANNIEN

Pferdeland der Superlative

*Die Erde wäre ein Nichts ohne den Menschen,
aber der Mensch wäre ein Nichts ohne das Pferd.*

Weisheit aus England

IN GROSSBRITANNIEN

Die kleinen Wilden
Ponys im Exmoor und Dartmoor

Was für ein Gegensatz! Vom vibrierenden Marokko ins kühle England, dem Land der hippologischen Rekorde. Die schnellsten, die größten und die kleinsten Pferde kommen aus dem Königreich. Ein großes Programm liegt vor mir. Ich beginne mit den kleinen wilden Ponys aus den südenglischen Naturlandschaften.

Cullompton ist ein verschlafenes Dorf im Süden Englands. Die Nationalparks Dartmoor und Exmoor sind von dort gut zu erreichen, also quartiere ich mich in einem familiären B&B Farmhaus ein. Die Luft ist kühl und klar, die Sonne beleuchtet die grünen Weiden vor meinem Fenster. „Lovely" schwärmt Gastgeberin Helen, als ich ihr von meinen Reisen erzähle. Überhaupt ist in England vieles einfach lovely.

Dartmoor: Ponys mit „moorsense"

Wenn in Cullompton die Sonne scheint, heißt das noch gar nichts. „Dartmoor has its own microclimate" (das Dartmoor hat sein eigenes Klima), erklärt Helen, und tatsächlich hängen bei meinem ersten Besuch finstere Regenwolken über dem Moor. Nur wenige Ponys lassen sich sehen. Die Stimmung ist schwer und düster. Obwohl dieses Licht die ganze Mystik des Dartmoors entfaltet, freue ich mich doch über Sonnenschein am nächsten Tag. Ich erwarte reinblütige Dartmoorponys, doch viele sind zu klein, zu groß, zu bunt für die Rasse. Echte Dartmoor Ponys sind einfarbig und zwischen 1,20 und 1,30 m groß. Alle anderen sind Dartmoor Hill Ponys – für sie gibt es weder Größen- noch Farb-Vorgaben. Sie müssen nur im Park geboren sein. Alle Tiere haben Besitzer, die ihre Ponys gegen Gebühr im Park grasen lassen. Eine tolle, natürliche Art der Pferdehaltung. Das Leben im Freien macht sie stark und widerstandsfähig, das Gelände, das aus Granitfelsen, Heideland und Mooren besteht, fördert ihre Achtsamkeit und Trittsicherheit.

Dartmoor Stute mit Dartmoor Hill Fohlen

Typische Landschaft im Dartmoor, in dem außer Ponys auch Schafe und Rinder leben.

Exmoorponys: Ponys aus der Urzeit

Moorland Mousie ist eine Art Black Beauty im Ponyformat: ein vierbeiniger Romanheld. Seinen Namen trägt der Moorland Mousie Trust, der sich für den Erhalt der urigen Ponys einsetzt und im Exmoor Nationalpark ein Infozentrum betreibt. Gill Langdon von der Exmoor Pony Society – dem Zuchtverband – führt mich durch den Park, wo sie selbst ihre kleine Herde hält. „Die Society legt Wert auf die Reinhaltung der seltenen Wildponys", erklärt Gill. „Ausschließlich echte Exmoor Ponys dürfen im Exmoor weiden". Nur Schafe und Hochlandrinder leisten ihnen Gesellschaft. Gills Ponys liegen faul im Heidegras. Als wir uns nähern, stehen sie gemächlich auf und traben davon. Auf den ersten Blick sehen alle gleich aus: torfbraunes Fell, Mehlmaul, helle Ringe um die Augen. Gill kennt jedes ihrer Pferde. „Die sind natürlich nicht so menschenbezogen wie Boxenpferde," lacht Gill. Sie nimmt es ihren Ponys nicht krumm, denn sie weiß, sie sind auch ohne Streicheleinheiten glücklich.

Optisch und genetisch stehen die Exmoorponys den ursprünglichen Wildponys am nächsten.

Im New Forest Nationalpark aufgewachsen und trainiert von ehrgeizigen Horsegirls werden die Forester rittige und leistungsfähige Sportponys.

New Forest
Ponys haben Vorfahrt

Den Arm in der Schlinge stellt mir Jenny Crouch, die am nördlichen Ende des New Forest Nationalparks lebt, ihre New Forest Ponys vor. Bei einem Reitunfall hat sie sich die Schulter ausgerenkt, doch sie schwärmt mir vor, dass sie beim nächsten Point-to-Point Rennen am Boxing Day auf jeden Fall wieder dabei ist. Dieses Distanzrennen nur für „Forester", findet immer am 26. Dezember im Nationalpark statt und es ist dementsprechend meist scheußlich nasskalt. So what! Engländer sind taff, zwei- und vierbeinige! Nun fahre ich mit Jenny im Schritttempo durch den Park, der weniger aus Wald als aus Heideland und Ackerflächen besteht. Ponys kreuzen die Straße, manche liegen sogar dösend auf dem Asphalt. Sie sind an Menschen und Fahrzeuge gewöhnt und scheinen mir die zahmsten unter Englands wilden Ponys. Außer natürlich am Boxing Day.

Was die Forester sonst noch können, zeigen mir die Girls vom New Forest Ponyclub nicht weit von Brockenhurst. Punktgenau reiten sie alle Gangarten, Seitengänge und verschiedene andere Dressurlektionen. Das wird schnell langweilig und sie verlangen nach Hindernissen. Der Ehrgeiz packt die Mädchen, die mir viel mehr vorführen, als ich erwarte. Mit der Höhe der Hürden steigt der Spaß. Sie springen zu zweit nebeneinander, hintereinander, freihändig und schließlich sogar ohne Sattel. Mich nehmen sie immer weniger wahr, doch ich bin schwer beeindruckt.

New Forest Ponys sind eine uneinheitliche Rasse, es gibt größere, kleinere in allen Farben.

Die kleinen Welsh Mountain Ponys sind der Urtyp der vier Welsh-Rassen.

Welsh Mountains – Ponys im Nebel

Begeistert von den englischen Ponys gebe ich „Brecon Beacons Nationalpark" ins Navigationsgerät ein und mache mich auf den Weg nach Wales. Es regnet in Strömen. Doch das Wetter wechselt schnell auf der Insel, also steuere ich zuversichtlich die Heimat der Welsh Mountain Ponys an. Auf dem Weg durch den Park wird aus Regen Niesel, aus Niesel Nebel.

Immerhin! Die Black Mountains, die schwarzen Berge, sind in Dunst gehüllt. Hoffnungsvoll parke ich das Auto in der Nähe von Llangors und mache mich auf den mühsamen Weg nach oben.

Ich folge einem schmalen Trampelpfad und freue mich über die ersten kleinen Gestalten, die im Nebel auftauchen. Auch wenn sie sich als Schafe entpuppen. Nach einer guten halben Stunde erreiche ich ein Hochplateau. Ich versuche, mit

angestrengtem Blick das Nebelgrau zu durchdringen. Viele Schafe weiter beschließe ich umzukehren, als sich ein größerer Umriss abzeichnet. Endlich! Ein Pony! Yes! Selten habe ich mich so über den Anblick eines Ponys gefreut. Vorsichtig gehe ich darauf zu. Es hat keine Scheu und sieht mich neugierig an. Als ob der Vorhang aufginge, brennt sich die Sonne nun mit voller Kraft durch den Dunst und wirft ihr Licht auf eine ganze Gruppe zauberhafter Schimmelchen. Eine Stute bewacht ihr schlafendes Fohlen. Ruhig blickt sie mich an, schubst ihr Kleines an, das erschreckt aufspringt. Zärtlich reibt die Mama ihren Kopf an dem ihres Fohlens, bevor es an ihrem Körper entlang Richtung Zitze streicht und sich schmatzend bedient.

Ein etwas älteres Fohlen stolziert durch das grüne Gras und schaut kokett zu mir herüber. Entzückt verweile ich bei „meinen" Welsh Mountain Ponys, genieße die wärmenden Sonnenstrahlen und vergesse die Zeit.

Champions
Vom Ponyclub zum Spitzensport

Ich lasse die wilden Ponys hinter mir und fahre in die Midlands zu meinen Freunden Geraldine und Colin, beide ehemalige Jockeys. Sie wohnen in Burntwood nördlich von Birmingham. Mit viel Herzblut bringen die beiden mir die sportliche Seite der britischen Pferdewelt näher. Geraldine hat gleich zwei Termine an einem Tag für mich: Eine Ponyshow in Ilkeston und die Chatsworth International Horse trials, eine schwere Vielseitigkeitsprüfung. Ein Durchmarsch vom Einstieg bis zur Weltklasse!

Bei der Ponyshow treffe ich meine wilden Ponys wieder. Dartmoors, Forester, Welsh – diesmal liebevoll gestylt und ganz manierlich unterm Sattel. Schon vierjährige Kinder messen sich beim Trail, geführt von ihren stolzen Mums. Der Turnierplatz wimmelt von Pferden und Reitern aller Größen. Emma, die Tochter von Colins Tierarzt, reitet mit sieben Jahren bereits Dressur- und Springprüfungen. Es sind nur ein paar Zentimeter, doch Emma steuert mit ernster Miene und very British in Tweed und Jodhpurs ihr Pony „Bronze" über die Stangen. Lovely!

Nur eine Autostunde entfernt: das barocke Landschloss Chatsworth House, in dessen Parkanlage die Vielseitigkeitsprüfung stattfindet. Geraldine weist mich darauf hin, dass schon Prinzessin Anne und ihre Tochter Zara Europameisterinnen waren. Überhaupt dominierten britische Reiterinnen lange die härteste der klassischen Reitsportarten.

Wir platzieren uns am Wasserteich. „Pippa"! ruft Geraldine entzückt und knufft mich in die Seite. Mit Philippa „Pippa" Funnell kommt schon eine weitere Europameisterin um die Ecke: Das Wasser spritzt, als „Billy Cuckoos" Hufe ins Wasser klatschen. Pippa lenkt die Stute über den Vogelsprung, der mitten im Teich steht. Triefend preschen Pferd und Reiterin weiter, aus unserem Blick und zum nächsten Sprung. Vielseitigkeit zu sehen, heißt wandern. Nur so kann man verschiedene Hindernisse der Geländestrecke sehen. Mir imponiert der Sport, der absolutes Vertrauen zwischen Pferd und Reiter verlangt.

Pippa Funnell beim sogenannten Vogelsprung in Chatsworth. Die Schwierigkeit besteht darin, mit immer neuen fantasievollen Hürden und unterschiedlichen Bodenverhältnisse zurechtzukommen.

Welsh Pony „Bronze" und Emma sind ein tolles Team. Ihre Freundschaft beruht auf Vertrauen und gegenseitigem Respekt.

PONYLIEBE VON KINDESBEINEN AN

Das Erfolgsrezept der Engländerinnen könnte im Ponyclub liegen.

*We are dedicated to encouraging young people to ride and to care for horses and ponies, whilst promoting the highest ideals of sportsmanship.
We are The Pony Club*

(Wir wollen junge Menschen ansporen, Pferde und Ponys zu reiten und zu pflegen und ihnen hohe Ideale wie Fairness und Sportsgeist vermitteln. Wir sind der Pony Club.)

FOLLOW THE HORSES | GROSSBRITANNIEN

Alles auf Sieg
Showdown der Galopper

Geraldine und Colin kennen die europäischen Rennbahnen. Noch immer leuchten ihre Augen, wenn sie an ihre Laufbahn als Jockeys zurückdenken. Und noch immer schlägt ihr Herz für die Vollblüter. Sie geben mir einen Einblick in die Welt des Galoppsports und nehmen mich mit zum Renntag in Uttoxeter.

Sieben Flach- und Hindernisrennen stehen auf dem Programm. Geraldine und Colin fachsimpeln mit Freunden aus der Turf-Szene, bevor es sie zum Wettschalter zieht. Ich schlendere zwischen Führring und Tribüne auf und ab und amüsiere mich über die schrillen Gestalten der Upper Class. Auch wenn es nicht Ascot ist, der Turf ist wohl generell ein Catwalk der Exzentriker.

Ob Rennpferde aus Ehrgeiz oder Furcht rennen, kann ich nur vermuten, bezweifle aber, dass sie sich in der aufgeheiz-

ten Atmosphäre sonderlich wohl fühlen. Viele sind beim Satteln und im Führring kaum zu bändigen.

Auch die feine Gesellschaft verliert beim Rennen ihre Contenance. Die Erde bebt, das Publikum kreischt, wenn das Feld vorbeifliegt. Schon lasse ich mich mitreißen vom Sturm der Begeisterung. Doch ich werde brutal ernüchtert, als ein Pferd beim Hindernisrennen schwer verunglückt.

In alle Länder, zu allen Pferdemenschen, reise ich ohne Kritik und Vorurteile. Doch der Rennsport war und wird wohl nicht meine Leidenschaft. Boxenhaltung, Training von Eineinhalbjährigen, die Zucht hypersensibler Leistungsbringer – all das steht der Natur des Pferdes entgegen.

Wenn ich mir die fragilen Körper und die feinen Gliedmaßen der Vollblüter ansehe, wundere ich mich absolut nicht über die folgenschweren Stürze. Die glücklicheren Pferde Englands – davon bin ich überzeugt – leben frei und unbehelligt in den nebligen Wäldern, auf Wiesen und in Mooren.

Auch auf der Rennbahn gibt es innige Liebe: der Sieger und seine Pflegerin.

Herzklopfen, ja sogar Angst um die zerbrechlichen Galopper, sind meine Begleiter bei jedem Sprung der umstrittenen Hindernisrennen.

Große Klasse
Arclid Shires und Clydesdales

Auch wenn unsere Meinungen übers Galopprennen auseinandergehen, Geraldine ist eine tolle Freundin und gibt alles, um mich zu unterstützen. Sie begleitet mich sogar zum Gegenstück des Vollbluts: den größten und schwersten Pferden der Welt.

Tony und Sandra Bull züchten im Gestüt Arclid Shire Horses und Clydesdales. Shires können über zwei Meter Stockmaß erreichen, was allerdings eher die Ausnahme ist. Der hochgetragene Hals, der große Kopf sowie die langen Beine lassen aber auch kleinere Exemplare riesig erscheinen.

Tony Bull spannt seine beiden Hengste „Legend" und „Floyd Patterson" vor den Landauer. „Legend" zeigt die charakteristischen Clydie-Merkmale: die größeren weißen Abzeichen. „Floyd" ist – typisch Shire – etwas größer mit dem üppigeren Fesselbehang. Vor der Kutsche geben die beiden Kolosse ein harmonisches Bild ab.

„Do you even know how happy you've made me?" („Wissen Sie, wie glücklich Sie mich gemacht haben?"), schreibt die überglückliche Mojca aus Slowenien in Tonys Gästebuch,

Die Erde bebt, wenn Clydesdale „Legend" und Shire Horse „Floyd" über die Weide galoppieren.

„**Legend" und „Floyd"** im Gespann. Ihre Vorfahren waren Schlachtrösser und Arbeitstiere. Heute sind die größten Pferde aus Schottland und England beliebte Show- und Freizeitpferde.

nachdem sie ihre Shire Horse Stute „Charm" von England nach Hause gebracht hat. Aber nicht nur in Slowenien, auch in Schweden, Frankreich, den USA und sogar Australien stampfen Arclid Shires und Clydesdales über die Wiesen. Und natürlich in Deutschland.

Hochprämierte Shires und Clydesdales kenne ich von Karin Angers Dudelhof im Schwäbischen. Ihre besten Zuchttiere stammen vom Gestüt Arclid, das wohl die weltweit führende Zucht der Pferdegiganten ist. Understatement und Bescheidenheit sind den Bulls trotz der großen Erfolge nicht abhanden gekommen.

Highlander
Schottlands Urgesteine

Nächstes Ziel: Schottland. Die Fahrt nach Norden scheint wie eine Reise in die Vergangenheit. Düstere Dörfer aus grauen Steinhäusern scheinen seit hundert Jahren unverändert. Die Menschen sind urtümlich und geerdet. Rinder, Schafe und Pferde ebenfalls.

Auf der Suche nach schottischen Originalen lande ich einen Volltreffer. Ewan Cameron Ormiston aus Newtonmore, 85 Jahre alt, Pferdezüchterlegende, Erfinder des Ponytrekkings als Sport, früher im Dienste der Queen, die selbst Highlander züchtet. Cameron ist ein Urgestein wie seine Ponys. Schon seit 200 Jahren züchtet seine Familie Highlandponys und Highlandrinder.

Cameron kümmert sich rührend um mich, kocht mir Suppe und lädt mich ein zur Kontrollfahrt auf seine Weiden. Mit ein paar Futtereimern im Heck rumpeln wir im klapprigen Defender los. Die Ponys kommen freudig angetrabt, als sie das Fahrzeug erblicken. Wissen sie doch, es gibt immer ein paar Streicheleinheiten und was Leckeres zum Fressen.

Cameron schwört auf die Qualitäten des urigen Kleinpferds, das stark genug ist, Schwergewichte zu tragen; ruhig genug, Kindern und Reitanfängern Sicherheit zu geben; robust genug, um halbwild im rauen Hochland zu leben und sportlich genug, um im Springen, in der Dressur und im Fahren Pokale zu gewinnen. Obwohl, von Highlandponys im Sport hält Cameron weniger. Es gibt auch hier Bestrebungen, den Typ durch Veredelung feiner zu gestalten. In dem Punkt ist er einer Meinung mit der Königin: Auch sie wäre not amused, würde man den typvollen Highlander zum Einheitssportpferd „veredeln".

Cameron und seine „Babys", wie er seine Ponys nennt. Highlander haben ihn sein ganzes Leben lang begleitet.

Alte Gemäuer und urtümliche Ponys: die Magie des schottischen Hochlands.

Falben und Schimmel sind die vorherrschenden Farben der Highlandponys

Mein magischer Ort

DIE WELSH MOUNTAINS

Keine Menschenseele ist zu sehen. Weit unten im Tal schimmert der Llangors Lake. Ein mystischer Ort. Die Feuchtigkeit, die Stille, das Zwielicht, das die Sonne durch den Nebel auf die weit unter mir liegenden Felder wirft.

Im Dunkelgrün der Almen weiden die hübschen Schimmelchen, die elfenhaft zart und fein wirken und doch so unglaublich stark und robust sind. Allerliebste Fohlen mit nebelnassem Fell stehen und liegen zwischen den Mutterstuten. Ab und an springt eines los und im nächsten Augenblick galoppiert die ganze kleine Bande spielerisch auf und davon – um binnen Sekunden in den Schutz der ruhig weitergrasenden Mütter zurückzukehren. Ganz auf sich selbst gestellt meistern sie ihr Leben in den Höhen der Black Mountains. Die Wildbahnhaltung, die ich auch im Dartmoor, Exmoor und New Forest gesehen habe, begeistert mich restlos. Züchter lassen ihre Ponys frei in den Nationalparks umherziehen. Die Tiere danken es mit Charakterstärke und unverwüstlicher Gesundheit.

„Pferde verleihen uns die Flügel, die uns fehlen."
Pam Brown

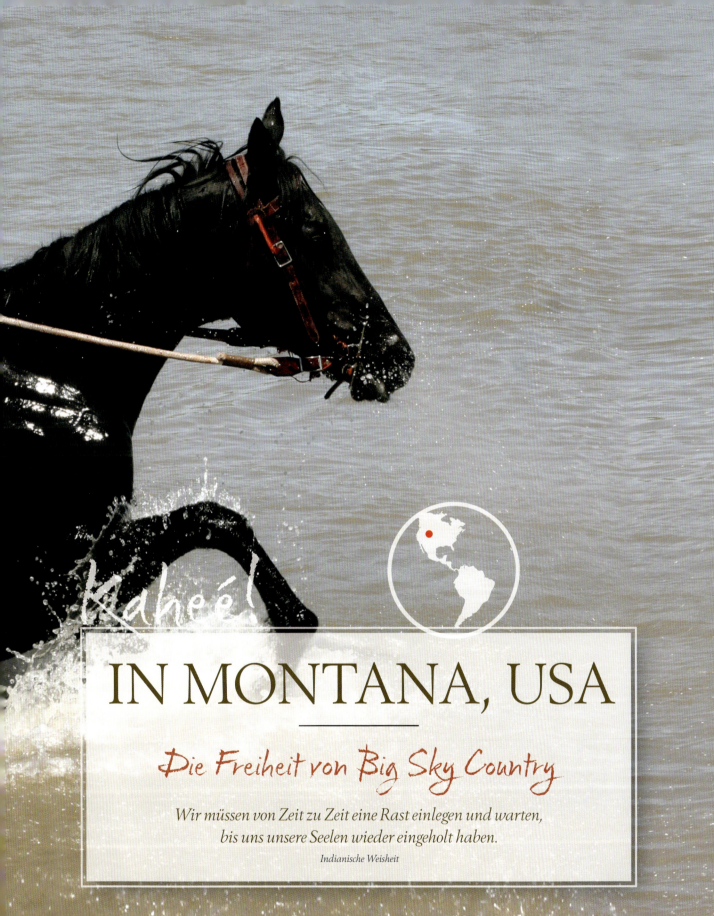

IN MONTANA, USA

Die Freiheit von Big Sky Country

*Wir müssen von Zeit zu Zeit eine Rast einlegen und warten,
bis uns unsere Seelen wieder eingeholt haben.*

Indianische Weisheit

FOLLOW THE HORSES | MONTANA, USA

IN MONTANA, USA

Mustang
Wild by nature

Der schlammverkrustete Hengst weicht nicht von der Seite der grauen Stute. Ein paar Jungpferde zupfen Kräuter der Bergwiese. Geduldig säugt eine Falbstute ihr Fohlen. Von unserem rumpelnden Vehikel lässt sich die Pferdegruppe nicht stören. Ich steige aus, umrunde die Gruppe, um sie im besten Abendlicht aufnehmen zu können. Auch das stört die Pferde kaum.

„Erlebe ich das gerade wirklich?" fragt Edith, eine Besucherin der DH7 Ranch in Pryor, Montana, mit der ich im Pickup-Camper ins Reich der Mustangs auf 3000 Metern Höhe vorgestoßen bin.

Mustang! Der Name klingt nach Freiheit, Mut und Stolz. Schon unzählige Male war ich hier oben in den Pryor Mountains, doch für Edith sind es die ersten echten Mustangs.

Wilde Pferde zu studieren ist für mich die wahrhaftigste Art, Pferde zu verstehen. Wie ihre Instinkte sie leiten, wie sie

In den USA gibt es verschiedene Schutzgebiete für Mustangs. Die Herden in den Pryor Mountains stehen den spanischen Pferden, die als erste nach Nordamerika kamen, genetisch besonders nah.

MUSTANG MANAGEMENT

So schön es ist, Pferde in Freiheit zu beobachten, so groß sind die Probleme. Ungefähr alle vier Jahre verdoppelt sich die Anzahl der wilden Pferde.
Jahrelang wurden die Mustangs abgeschossen, doch Tierschützer erkämpften ein Abschuss- und sogar ein generelles Schlachtverbot für Pferde.
Heute leben über 60 000 Mustangs in 177 Schutzgebieten wie der Pryor Mountain Wild Horse Range. Um die Population zu begrenzen werden von Zeit zu Zeit überzählige Mustangs eingefangen und an geprüfte Interessenten vermittelt.

kämpfen, wie sich Junghengste zusammenschließen und auf ihre Chance warten, eigene Stuten zu ergattern. Wie Neugier sie antreibt und Misstrauen sie bremst. Welche Sanftmut sie ausstrahlen. Wie sie aus dem Tiefschlaf in einer Sekunde fluchtbereit sind. Wie sie Schmerz ertragen und Wunden ausheilen. Wie entschlossen Stuten ihre Fohlen verteidigen. Wie frech und verspielt die Kleinen sind. Wie gut die Hierarchien funktionieren. Wie individuell ihr Verhalten ist. Und wie Hengste ihre Narben wie Orden ihrer Verdienste tragen.

Jedes Mal, wenn ich hierherkomme, lasse ich alles Gelernte los, beobachte und staune immer wieder neu. Langeweile gibt es nicht. Immer ist was los. Schlaf- und Dösephasen sind kurz.

Nie bleiben die Pferde lang an einem Ort. Doch sie gehen sparsam mit ihren Ressourcen um. Selbst die Flucht ist kein kopfloses Davonrennen, sondern immer nur ein kurzer Sprint, dann wird die Lage gecheckt. Gefahren schärfen die Sinne und die Achtsamkeit. Pumas stellen Fohlen und Jungpferden nach. Die Winter sind brutal. Es ist kein einfaches Leben. Doch

Liebevoll nähren und beschützen Mustang-Mamas ihre Fohlen.

es ist ein Pferdeleben. Mustangs sind klein, starkknochig, oft ramsköpfig. Viele ausgewilderte Pferde verschiedenster Rassen haben durch die Jahrhunderte den Mustang geprägt. Nicht immer das, was der Reiter heute unter einem eleganten Pferd versteht. Die Natur hat andere Zuchtkriterien. Ich kann mich nicht sattsehen an den wilden Pferden. Ihre Schönheit liegt in ihrem Auge, im Ausdruck, in ihrer Freiheit.

Wir suchen einen Platz am Waldrand, wo wir den Camper parken. Beim Rotwein erfreuen wir uns an umhertollenden Hirschkälbern, an den Silhouetten der Mustangs im Sonnenuntergang, an der Stille und Einsamkeit. Das ist Leben!

„Waren wir da tatsächlich?" fragt Edith, als wir zurück auf der Ranch in Fotos schwelgen. Die restlose Begeisterung von Edith kann ich zutiefst nachempfinden.

Go West
The Cowboy Way of Life

Die Diamond Hanging Seven (DH7) Ranch im Reservat der Crow Indianer ist seit vielen Jahren mein zweites Zuhause. Besitzer Larry Falls Down ist Halbblut und bringt seinen Gästen

Back in the saddle again: Larry und seine Gäste brechen zu einem mehrstündigen Ritt zu den Rinderherden auf.

„You can take the Cowboy out of the country, but you can't take the country out of the Cowboy" (du kannst den Cowboy vom Land wegholen, aber du kannst nie das Land aus dem Cowboy rausholen), erklärt Doug, ein guter Freund, der seinen Lebensunterhalt als Automechaniker verdient. Steht irgendwo ein Viehtrieb an, nimmt Doug sich frei, sattelt sein Pferd und hilft beim Rindertreiben.

Es ist die große Freiheit, die Sehnsüchte bei Einheimischen und Urlaubern weckt. Die Natur ist übermächtig. Larrys Humor, seine Countrysongs und Geschichten aus den „old days" verleihen den Ranchferien das besondere Flair. Wer in den Rhythmus der Indianer findet, nimmt mehr mit als Erinnerungen. Das einfache Leben setzt Kräfte frei, die noch lange nachwirken. Auch das härteste Stoneface wird hier sentimental.

indianische Kultur und den „Cowboy Way of Life" nahe. Vom ersten Tag an sind Fremde Familienmitglieder, und Larry versieht sie gern mit treffenden Spitznamen: „Stoneface", „The Man" oder „Little Boo".

Montana, das ist für mich durchatmen, Freunde treffen, das Leben ein bisschen leichter nehmen. Schon lange bin ich keine Touristin mehr, ich bin sogar gern mal Guide, zum Beispiel für Touren zu den Mustangs oder beim Sunsetritt zu alten Indianergräbern. Aber auch das Schreiben und Fotografieren fällt leicht, denn Motive und Charaktere gibt es in Hülle und Fülle.

„Menschen, die nur arbeiten, haben keine Zeit zum Träumen. Nur wer träumt, gelangt zur Weisheit."

Weisheit des indianischen Schamanen Smohalla

Riding the range

Petra nimmt Reitstunden in Deutschland, um sich auf ihren Montana-Urlaub vorzubereiten. Doch sie verliert schnell den Spaß am Unterricht auf abgestumpften Schulpferden und findet sich schon mit Wildwest-Ferien ohne Reiten ab. Doch Larry setzt sie kurzerhand auf „Bronco", und um Petra ist es geschehen. Schnell fasst sie Vertrauen zu dem kräftigen Fuchs und lässt sich von ihm über die Prärie tragen. Im Westernsattel auf einem echten Cow Horse durch unberührte Natur reiten, Kühe treiben, Wildtieren begegnen – das ist Freiheit!

Ängste und Bedenken schwinden. Hier ist das Leben unbekümmert, man reitet ohne Furcht, aber auch ohne Leichtsinn. Das Rindertreiben ist eine gemächliche Sache, keine wilde Jagd.

Und dann die Pferde: sie haben Feuer und sind dennoch kontrollierbar. Im fleißigen Walk tragen sie Anfänger und Fortgeschrittene und wissen meist besser als ihre Reiter, wie man Kühe treibt. „A horse is a horse!", sagt Larry und erklärt damit eigentlich die ganze Kunst seines Pferdetrainings. Wie einfach hier alles scheint.

Eisernes Gesetz der Prärie: Wer Weidetore öffnet, muss sie auch wieder schließen.

Den Sommer über machen Larrys Pferde viele Meilen. Ställe kennen sie nicht. Dafür schier endlose Freiheit. Im Herbst geht es auf die Winterweide am Fuß der Pryor Mountains. Sie ist so groß, dass man Quad oder Pickup braucht, um die Pferde wiederzufinden. Stürme, Frost und Schnee machen die Pferde stark und widerstandsfähig. So treten sie im Frühjahr mit guter Kondition und klarem Kopf erneut ihre Arbeit an.

Freiheit, der schönste Lohn für die Reitpferde, den sie nicht nur im langen Winter, sondern auch während der Sommermonate immer wieder erfahren dürfen.

FOLLOW THE HORSES | MONTANA, USA

Crow Fair
Das große Fest der Indianer

Erst hört man es gewaltig scheppern, dann taucht der rote Pick-up-Truck mit dem riesigen Pferdetrailer auf. Larrys Halbbruder Adlai nähert sich über die holprige Einfahrt, um „Remington", „Strawberry" und „Woody" abzuholen. Den Sommer über lässt er Larrys Gäste auf seinen Pferden reiten, dadurch sind sie Mitte August gut „warm geritten". Dann nämlich findet die Crow Fair statt, das jährliche Treffen der Indianer in der Reservats-Hauptstadt Crow Agency. Über 1000 Tipis werden aufgebaut, in denen Stämme aus allen Teilen der USA für eine Woche zusammenleben.

In seinem Buch *Parading through history* beschreibt Historiker Frederick Hoxie die Crow Indianer als großes, tapferes Volk, das sich gern schmückt und große Auftritte liebt. Daran hat sich nichts geändert. Wie beim Karnevalsumzug warten Einheimische und Touristen entlang der Straße ums Tipidorf auf die große Parade. Männer mit Federhaube, Frauen und

DIE PFERDE DER CROWS

Das Pferd währte nur einen Wimpernschlag in der Geschichte der Indianer, dennoch schuf es den Mythos des großen indianischen Reitervolks. Die Crows verstehen sich erstklassig auf Pferde, doch sie nutzten es nie, um gegen die Invasoren in den Krieg zu ziehen. In weiser Voraussicht wählten sie die Verständigung mit den Weißen, standen ihnen sogar als Scouts zur Seite. Als Dank konnten sie ihr angestammtes Land behalten. Heute leben auch die Crows in Häusern und fahren Pickups. Doch sie pflegen ihre Traditionen, und dazu gehört der Besitz erstklassiger Pferde.

Großer Auftritt der Häuptlinge, die reich geschmückt in traditioneller Tracht in der morgendlichen Parade reiten.

Kinder in traditioneller Hirschzahn- oder Rohlederkleidung reiten auf bunt geschmückten Pferden an den Zuschauern vorbei. Die Mienen der Männer stolz und ernst, die Frauen und Kinder lächeln und winken. Bonbons fliegen durch die Luft. Adlais Tochter Lydia ist Meisterin im Beadwork, dem Herstellen des indianischen Perlenschmucks. Ich erkenne „Remington" fast nicht unter den reich verzierten Decken. Der ganze Kampfgeist der Crows zeigt sich heute in Wettbewerben. Kunsthandwerk, Kostüme, Tänze und Reitkünste werden von einer Jury bewertet und prämiert.

„*Only kill for food, not for fun, and don't kill too many animals. Pick berries and catch fish. Don't hurt the animals and don't waste what I have given you.*"

(Töte nur zu deiner Ernährung, niemals zum Spaß und töte nicht zu viele Tiere. Pflücke Beeren und fange Fische. Quäle die Tiere nicht und vergeude nicht, was ich dir gegeben habe.)

Nach dem Glauben der Crows sind dies die Worte des Schöpfers zum ersten, aus Lehm geformten Menschenpaar.

Nicht nur die Menschen, auch die Pferde werden mit Farben, Schmuck und Decken für das Indianerfest hergerichtet.

Die Tanzwettbewerbe heißen Powwow, und die wildesten Akteure sind die reich geschmückten Fancy Dancer.

59

FOLLOW THE HORSES | MONTANA, USA

Cattle Drive
Das Abenteuer ruft

„I'm back in the saddle again" (Wieder zurück im Sattel) – der alte Hit von Gene Autrey ist so etwas wie die Hymne der DH7 Ranch. Jedesmal, wenn Larrys Reiter zum Viehtrieb aufbrechen, schmettert er den Song. Stammgäste stimmen mit ein.

Zweimal im Jahr muss die Rinderherde wandern. Im Frühling geht es hinauf auf die Almweiden der Pryor Mountains, im Herbst wieder hinab.

Zuerst müssen die auf riesigen Flächen verstreuten Rinder zusammengetrieben werden. Erst dann beginnt der eigentliche Viehtrieb. Die Profi-Cowboys erklären den Amateuren, wie's geht. „Du musst denken wie eine Kuh", sagt Larry und erklärt die Grundzüge im Kühe-Verstehen. Die Cowboys bilden einen Halbkreis um die Herde. Die seitlich Reitenden bestimmen die Richtung, die Gruppe am Herdenende das Tempo. Gemächlich wandern Rinder und Reiter über die Prärie. Galoppiert wird nur, wenn ein Kalb ausbüxt, ansonsten wird Schritt geritten. Die Tiere sollen ja nicht abnehmen, jedes Kilo ist bares Geld.

Für die Nacht wird die Herde auf eine satte Wiese getrieben, wo sie sich von ihrem Marsch erholen kann. Für die Reiter hat Larrys Crew ein Camp aufgebaut. Nachdem die Pferde versorgt sind, erfrischen sich die Cowboys mit eiskaltem Bier. Saftige Steaks brutzeln schon auf dem Grill – der Lohn für gute Arbeit. Zwei Tage dauert der Viehtrieb, dann sind die Rinder am Ziel. Die Reiter treten den Heimritt an. Mit Staub und Schweiß auf der Haut fühlt sich mancher nun wie John Wayne und nimmt seinen ganz persönlichen Wildwestfilm mit nach Hause.

*You can tell the true Cowboy
by the type of horse he rides.*

(Den echten Cowboy erkennst du am Pferdetyp den er reitet.)

Cowboy Sprichwort

Mein magischer Ort

DIE PRYOR MOUNTAIN WILD HORSE RANGE

Duftende Kräuterwiesen, Wacholderbüsche, Kiefernwälder in 3000 Metern Höhe, schwindelerregende Felsabbrüche, verschlungene Canyons: Die Hochplateaus der Pryor Mountains sind mein magischer Ort. Beim Ausblick am Dryhead Overlook liegt mir die Erde zu Füßen. Der Blick verliert sich in der Weite. Kein Haus, keine Straße, kein Zeichen der Zivilisation stört das Auge. Hier beginnt das Reich der wilden Pferde. Zwar ist das Gebiet eingezäunt, dennoch führen die Pferde ein Leben ohne menschliche Fürsorge. Mit allen Gefahren, die die Freiheit mit sich bringt. Hier oben bleiben die Instinkte wach. Die wilden Pferde sind immer achtsam und doch ohne Furcht. Ihre Ruhe überträgt sich auf mich. Hinter den Bäumen und Felsen kann jederzeit ein Bär oder Puma sein. Sie zeigen sich nicht, doch ich bin sicher, sie nehmen mich wahr, wenn ich über die Almen wandere. Zuhause male ich mir manchmal aus, was alles passieren kann. Hier oben habe ich Vertrauen. Vielleicht weil es kein Gestern und kein Morgen gibt. Nur den Moment, die Natur und die Mustangs.

„Glaubt nicht an Koppeln, Ställe, Weiden als die Heimat eurer Pferde – ihr, die ihr Pferde liebt. Die Weite allein lebt in seiner Seele, lebt im Auge der Pferde edler und unverkümmerter Art."

Rudolf G. Binding

Welcome! IN KANADA

Wild und ungezähmt

Nur die starren Äste brechen im Sturm.
Weisheit aus Kanada

FOLLOW THE HORSES | KANADA

IN KANADA

Calgary Stampede
Greatest Outdoor Show on Earth

Das Tor zur Startbox springt auf, ein Dunkelbrauner schießt heraus, bockt, wirbelt, rotiert. Für ein paar Sekunden kann sich der Cowboy mit angestrengtem Gesicht im Sattel halten. Doch ein gewaltiger Satz des Pferdes katapultiert ihn in die Luft und unsanft auf die Erde. Er steht auf, klopft den Staub aus seinem Stetson und wankt aus der Arena. Wieder mal ist „Nightmare Rocket" Sieger.

Trotz seines unheilvollen Namens und der Wucht seiner Bocksprünge sind die Cowboys ganz scharf darauf, ihn zu reiten, denn wer den tobenden Albtraum bezwingt, bekommt Punkte, Prämien und Pokale.

Wir sind bei der Calgary Stampede im kanadischen Alberta, einer Mischung aus Powwow, Agrarmesse, Jahrmarkt und dem Top Rodeo des Landes.

Nur die verwegensten Kerle und die wildesten Bucking horses qualifizieren sich für dieses Event. Preisgelder von über zwei Millionen Dollar lassen Schmerz und Gefahr vergessen. Auch erfolgreiche Vierbeiner sind gefeierte Superstars. Erfolgreich heißt in dem Fall, dass sie jeden Reiter in den Dreck schmeißen, bevor er die erforderlichen acht Sekunden geschafft hat. So wie „Nightmare Rocket".

Wesentlich ruhiger geht es im Indian Village zu. Die Stämme Blackfoot, Stoney Nakoda, Siksika, Peigan sind Nachbarn für zehn Tage.

Sie öffnen die Türen ihrer Tipis für Besucher und erinnern an ihre Vergangenheit. Draußen bereitet eine Indianerin echten Jerkey zu: dünne Büffelfleischstreifen werden dafür langsam über einem glimmenden Feuer getrocknet. Das in ganz Amerika beliebte Trockenfleisch ist eine Erfindung der Ureinwohner. Ich koste von dem herzhaften Snack und mache mich auf den Weg zurück zur Arena, um das nächste Highlight zu erleben.

„Nightmare Rocket", der bockende Albtraum und gleichzeitig ein hochgeachtetes Pferd.

Kanadas Antwort auf Ben Hur ist das Chuckwagonrace, ein spektakuläres Wagenrennen. Die Teams bestehen aus einem vierspännigen Proviantwagen und zwei bis vier Reitern. Diese beladen den Planwagen mit einem Fass, das symbolisch für den Feldkocher steht. Wagen und Reiter umrunden einen Hütchen-Slalom und donnern dann einmal full speed um die Rennbahn. Der Grandstand, die Haupttribüne, kocht, wenn die Wagen ins Ziel donnern. Nicht immer gewinnt der Schnellste. Wer beim Slalom patzt oder seine reitenden Begleiter abhängt, kassiert Strafsekunden.

Beides, Wagenrennen und der Rodeosport sind umstritten. Doch man kennt nur einen Ausschnitt. Ich möchte hinter die Kulissen blicken. Wie sieht das ganze Leben eines Rodeopferdes aus, frage ich mich. Der Manager der Calgary Stampede Ranch lädt mich ein, mir über Haltung, Zucht und das Training selbst ein Bild zu machen.

Tipis und Wolkenkratzer: Past meets Present, Vergangenheit trifft auf Gegenwart.

Multikulti in Calgary. Diese Familie aus Somalia findet offensichtlich Gefallen an der Cowboy Kultur.

„There never was a horse that couldn't be rode;
Never was a cowboy who couldn't be throwed."

(Es gab nie ein Pferd, das nicht geritten werden konnte;
es gab nie einen Cowboy, der nicht abgeworfen werden konnte.)

Will James

Ein gutes Pferdeleben: Minimum 350 Tage Freiheit (o.), Lieferung von bestem Kraftfutter (o.r.) und gelegentlich Streicheleinheiten (u.r.).

Stampede Ranch
Paradies der Bocker

„Die Pferde bocken aus Schmerz und Verzweiflung", „den Hengsten werden die Hoden gequetscht", „Ihr Wille wird gebrochen!" – was ist dran an der Kritik am Rodeo? Ich fahre mit Bonnie von der Calgary Stampede Company zur CS Ranch, wo rund 800 Rodeopferde auf 9000 Hektar Prärie leben. Mir wird schnell klar: das Leben eines Bucking horses ist nicht das schlechteste. Ganz im Gegenteil.

Ranchmanager Trevor fährt mit uns hinaus auf das endlose Weideland. Ein- bis zweimal pro Woche sieht er nach den Pferden und bringt Kraftfutter im Pickup-Truck mit. Das vertraute Motorengeräusch lockt die Pferde an. Als winzige Punkte erscheinen sie am Horizont, traben eilig näher und machen sich über den Hafer her, den Trevor auf dem Boden verteilt hat. Wir sehen sogar einen alten Bekannten wieder: „Nightmare Rocket". Auch er ist auf der CS Ranch zu Hause. So wild der Wallach sich in der Arena gebärdet, so sanftmütig ist er hier. „Nightmare" holt sich außer dem Futter sogar ein paar Streicheleinheiten von Bonnie und mir.

Trevor und Bonnie erklären mir das „Born to buck"-Zuchtprogramm. Die Bocker werden aus verschiedenen Rassen gezüchtet, darunter Mustangs, Kaltblüter, Quarter und Paint Horses. Es kommt auf einen athletischen Körperbau und starke Knochen an. Und auf das Talent zum Bocken, das wie der Cow Sense beim Quarter Horse gezüchtet wird. Der Rest ist Training.

Trevor führt an einem Arbeitspferd vor, wie die Bucking Horses zum Bocken ermuntert werden. Ein ferngesteuertes

Dummy wird auf dem Pferderücken befestigt. Der Flankengurt ist mit weichem Lammfell gepolstert und nicht enger als ein Gürtel. Übrigens sind die meisten Rodeopferde Wallache und Stuten. Bei ihnen, und erst recht bei Hengsten wäre ein einzwängender Gurt eher hinderlich. „Er würde die Bewegungsfreiheit einschränken, das wäre kontraproduktiv", erklärt der Manager. Das Bocken ist ein instinktiver Reflex. Anders als beim Einreiten wird das junge Pferd fürs Bocken belohnt, indem das Dummy per Fernsteuerung abfällt und es wieder auf die Weide darf. „Let the horse win" (Lass das Pferd gewinnen), ist das Motto. „Wer nicht gern bockt, wird Arbeitspferd", meint Trevor, „die werden immer gebraucht".

Auch auf das ganze Drumherum werden Rodeopferde sorgfältig vorbereitet: auf das Verladen, auf die Schleusen und Gänge aus Metallpanels sowie auf die „Chute", das ist die enge Startbox, in der sie gesattelt werden und wo die Cowboys aufsitzen. Rund zehnmal pro Saison muss ein Rodeopferd ran und jeweils acht Sekunden bocken. Den Rest des Jahres darf es so richtig Pferd sein.

FAKTEN ÜBERS RODEO

- 10 Rodeo-Einsätze mit je 8 Sekunden Bocken pro Jahr.
- Artgerechtes Leben auf riesigen Prärieweiden.
- Der Flankengurt ist weich gepolstert.
- Nicht nur die Cowboys, auch die Pferde sind Stars.
- Sie werden gut versorgt und gefüttert.
- Die besten Bocker sind sechsstellige Summen wert.

Stoneys und Wildies
Freundschaft mit der Erde

„Wir haben unser Land und unsere Freiheit verloren, aber noch haben wir unsere Art zu denken und zu leben bewahrt. Als Indianer können wir einen bedeutenden Beitrag zu eurer Kultur leisten" Das waren die Worte von Tatanga Mani (1872-1967), einem Häuptling der Stoney Indianer.

Noch heute leben die Stoneys in Freundschaft mit der Erde und ich habe die Gelegenheit, eine Stoney-Familie, die ich bei

Die Söhne und Töchter in der Tanzkleidung ihres Stammes.

Zu Pferd streifen die Porcettes durch ihr Land.

*„Hügel sind immer schöner als Häuser aus Stein.
In einer großen Stadt wird das Leben
zum künstlichen Dasein. [...]
Wenn Menschen so weit weg von all dem leben,
was der Große Geist geschaffen hat,
dann vergessen sie leicht seine Gesetze."*

Tatanga Mani, Stoney Häuptling

der Calgary Stampede getroffen habe, zu besuchen. Das Land der Stoneys liegt westlich von Calgary mit Blick auf die Berge des Banff Nationalparks. Irgendwo zwischen Chochrane und Morley geht es über eine kilometerlange Schotterstraße durch Wälder, Wiesen und Hügel schließlich zum Wohnhaus von Ron und Martina Porcette. Zu ihrer Ranch gehören Rinder und Pferde sowie 400 Hektar fruchtbares Land.

Ron sattelt „Wildie", ein Alberta-Wildpferd, das er selbst gefangen und gezähmt hat. „Die ziehen auch heute noch frei durch die Wälder", erklärt er. Ron, sein Onkel Virgle und seine Söhne reiten auf eine Anhöhe, ich folge mit Martina und den beiden kleinen Töchtern im Jeep. Von hier bietet sich ein überwältigender Blick über das Stoney Land bis hin zu den Gipfeln der Rocky Mountains. Ron zeigt auf kleine rote Pünktchen im Tal. Das sind seine Rinder, die vor der Bergkulisse weiden. Das Haus und die Corrals der Porcettes fügen sich harmonisch in die Weite der Natur. Wildtiere wie Grizzly, Puma und Wolf zählen zu ihren Nachbarn, und schon manches Kalb oder Fohlen fiel den Raubtieren zum Opfer. Wie ihre Vorfahren respektieren die Stoneys die Natur und die Bedürfnisse der Tiere und Pflanzen. Sie nehmen Verluste in Kauf, gehen auch zuweilen zur Jagd. Wölfe oder Pumas auszurotten liegt ihnen jedoch gänzlich fern.

ALBERTA WILDIES

Entlang der Ostseite der Rocky Mountains halten sich mehrere Gruppen wilder Pferde auf. Aufgrund seiner Ölvorkommen ist Alberta die reichste Provinz Kanadas. Die Alberta Wildies grasen auf Wiesen und in Wäldern rund um die Bohrtürme.
Um eine Überpopulation zu vermeiden, ordnet die Regierung von Zeit zu Zeit sogenannte „Culls" an. Dabei werden wilde Pferde zusammengetrieben und eine bestimmte Anzahl herausgefangen. Kanadische Tierschützer sind bemüht, den Wildies ein Zuhause zu vermitteln. Mitglieder des Vereins HAW (Help Alberta Wildies) überwachen die Herde, retten in Not geratene Tiere und vermitteln Wildies an Pferdefreunde.

Ein tolles Gefühl, „Nightmare Rocket" zu streicheln, das Pferd, vor dem die besten Rodeoreiter zittern!

Mein magischer Ort

DER PFERDEFRIEDHOF DER CS RANCH

Niemand erfährt die Adresse der Calgary Stampede Ranch. Auch ich nicht. Bonnie holt mich im Städtchen Drumheller ab und pest in ihrem Minicooper eine Stunde über Land, bis wir die Einfahrt der CS Ranch erreichen. Ich habe keine Ahnung, wo wir sind. Die Ranch schützt ihre kostbaren Pferde so vor Besucheransturmen. Dass die Pferde hoch geschätzt werden, sehe ich schon an dem liebevoll gestalteten Pferdefriedhof. Rebel, Outlaw, Guilty Cat, Lonesome Me – die Namen auf den Grabsteinen erinnern an die vierbeinigen Helden der Rodeo-Arena. Fit, froh und würdevoll leben alle Pferde der Stampede Ranch bis ans Ende ihrer Tage. Der Blick hinter die Kulissen des Rodeosports hat sich gelohnt. Schwarze Schafe gibt es überall, aber die Pferde der Calgary Stampede Ranch haben ein glückliches, artgerechtes Leben. Von gebrochenem Willen keine Spur. Im Kampf, im Kräftemessen liegt die Natur des Pferdes. Zwei Freigeister ringen miteinander, Mann und Tier. Das Pferd bleibt Gewinner. Mich beeindruckt die Verbindung der Männer zu den Pferden. Sie geben sich hart und raubeinig. Doch hier auf diesem Pferdefriedhof zeigt sich die stille, sentimentale Seite der Cowboys.

„Die Natur ist das Buch jener großen Kraft, die ihr Gott nennt und die wir den großen Geist nennen. Was für einen Unterschied macht schon ein Name aus!"

Tatanga Mani, Stoney Häuptling

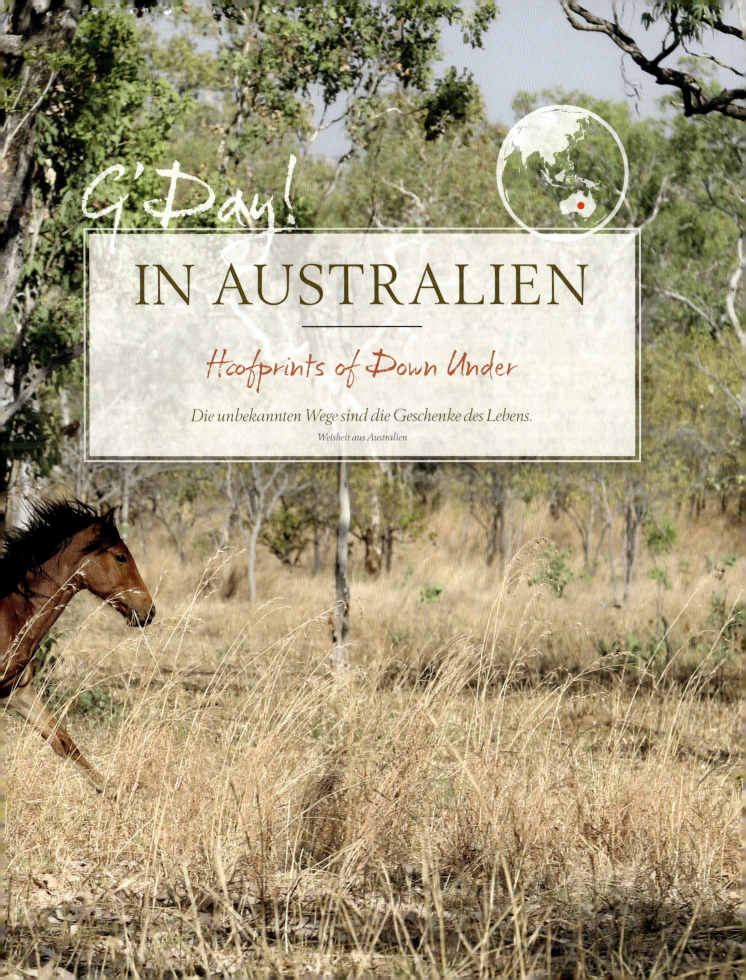

G'Day! IN AUSTRALIEN

Hoofprints of Down Under

Die unbekannten Wege sind die Geschenke des Lebens.
Weisheit aus Australien

IN AUSTRALIEN

Brumby, Busch und Billabong
Der Hüter von Bonrook

„All is well on the station!" (Alles in Ordnung auf der Farm), berichtet Sam Forwood, Manager der Bonrook Station im Northern Territory an die Eigentümer. Das Anwesen gehört der Schweizer Familie Weber, die sich dem Schutz von Wildtieren, insbesondere wilden Pferden verschrieben hat. Ungefähr 700 Brumbies, wie die Wildpferde in Australien bezeichnet werden, teilen sich das Naturschutzgebiet mit wilden Rindern, Wasserbüffeln, Kängurus und Dingos. Ihren Gästebetrieb gaben die Webers vor einigen Jahren auf, doch sie ermöglichen mir, mich für zehn Tage in der verlassenen Anlage einzuquartieren. Sam ist geblieben. Ein Eigenbrötler, der die Einsamkeit liebt.

Im Morgengrauen startet er den Landcruiser, um mich ins Reich der Brumbies zu fahren. Wallabies, die kleinen Kängurus, hüpfen über die staubige Straße. Bunte Sittiche bezwitschern lauthals den jungen Tag. Wir durchqueren ausgetrocknete Flussbetten und dringen immer tiefer in die Savanne aus Gestrüpp und Eukalyptusbäumen ein. Über unvorstellbare 50 000 Hektar erstreckt sich das Franz Weber Territory. Sam fährt oft genug Patrouille und weiß, wo Pferde zu finden sind.

„Horses!" sagt er nach einer guten halben Stunde Fahrt. Er deutet auf etwas Braunes hinter den Bäumen und stoppt den Motor des „Ute" (Utility vehicle). Ich starre angestrengt und bekomme Gänsehaut. Da sind sie – die berühmten Brumbies!

Sam kennt die Grasplätze und die wenigen Billabongs – Tümpel –, die jetzt, am Ende der Trockenzeit noch Wasser haben. Die Natur wartet auf den Monsun, der ab September einsetzt und den großen Regen bringt.

Schließlich sehen wir die ersten „Mobs", wie Sam die Gruppen nennt. Die Pferde sind extrem scheu. Zwar schauen sie

Wachsam trabt der graue Hengst auf und ab. Ob er einen Dingo gehört hat?

Brumbies in den Eukalyptuswäldern der Bonrook Station.

neugierig zu uns herüber, doch näher als 50 bis 100 Meter lassen sie uns nicht heran. Niemals werden sie gefüttert oder berührt. Die Natur allein bestimmt über Leben und Tod. Dingos, vor allem aber das unsichere Wasser- und Nahrungsangebot begrenzen die Population und erhalten ein gesundes Ökosystem. Die Pferde müssen riesige Distanzen zurücklegen, um zwischen den letzten Wasser- und Futterreserven zu pendeln.

„Es gibt Jahre, in denen alle Wasserstellen vertrocknen. Dann graben die Stuten nach Wasser", berichtet Sam, und meine Achtung vor den wilden Pferden steigt gewaltig. Und vor Sam, der jeden Baum und jeden Strauch zu kennen scheint. Er ist immer freundlich und korrekt. Er ist da, wenn ich ihn brauche, ansonsten lässt er mich schalten und walten.

> *„Draußen auf den dürren Savannen von Bonrook gräbt das Wildpferd nach Wasser, und wir beten."*
>
> Sam Forwood, Manager der Bonrook Station, Northern Territory

Wallabies – Dauergäste auf Bonrook. Die kleinen Kängurus sind putzig anzusehen und gar nicht scheu. Berühren lassen sie sich jedoch nicht.

Geburtstagsgäste am Billabong. Ungefähr fünfzig dieser Shorthorn/Brahman Kreuzungen leben im Territorium der Bonrook Station.

Birthday am Billabong

Für eigene Exkursionen stellt Sam mir den „Ute" mit Satellitentelefon und Wassertank zur Verfügung. Es ist mein Geburtstag, und ich beschließe, am Billabong auf „Partygäste" zu warten. Mit etwas Proviant, Wasser und der Kamera steuere ich spätnachmittags den „Ute" durch den Busch, parke das Fahrzeug in einiger Entfernung vom Wasserloch und richte mich am Rand des Tümpels ein.

Drei scheue Brumbies nähern sich, drehen aber um, als sie mich bemerken. Macht nichts, die Stimmung hier, ganz allein im Outback, ist einmalig. Pelikane fliegen majestätisch über die Wipfel. Kakadu, Papagei und Sittich lassen sich im Geäst nieder und machen ein Höllengezeter. Ihre Warnrufe interpretiere ich einfach als Geburtstagsständchen.

Sie ziehen weiter und hinterlassen völlige Stille. Ich inhaliere Natur, Luft, Leben. Gedanken verstummen, alle Sinne gehen

Jeder Sunset berührt die Seele. Die Abkühlung ist wie eine Erlösung von der unerträglichen Bruthitze.

auf Empfang. Das Rauschen des Windes, das Rascheln der welken Blätter, fernes Wiehern. Zeit wird bedeutungslos.

Kein Brumby lässt sich mehr sehen. Dafür erscheint fast lautlos eine Gruppe wilder Rinder. Mir stockt der Atem. Die Tiere senken die Köpfe und ziehen das Wasser hörbar durch den Gaumen. Ob sie mich wahrnehmen? In aller Ruhe schauen sie sich um und verschwinden genauso leise wie sie gekommen sind. Die tiefstehende Sonne taucht Busch und Billabong in weiches Licht, bevor sie hinter den Bäumen versinkt. Australische Buschzeit kennt keine Uhr, nur Tag und Nacht. Ich schließe die Augen und lausche der Stille.

Die Luft kühlt spürbar ab. Bevor es ganz dunkel wird, packe ich zusammen, taste den Weg zum Wagen mit einem Stock nach Schlangen ab. Berauscht vom Natur-Erleben fahre ich zum Wohnhaus zurück, dankbar für einen unvergesslichen Geburtstag!

BRUMBIES

Bis zu einer Million wilde Pferde leben in Australien, so viel wie in keinem anderen Land. Die meisten leben im Northern Territory. Im dichter besiedelten Südosten gelten die Tiere als Plage und werden noch immer abgeschossen.

Die Herkunft des Begriffs „Brumby" ist nicht gesichert. Ein früher Siedler, Sergeant James Brumby ließ Pferde frei und könnte Namensgeber sein. Doch auch das Aborigine Wort „baroomby" für „wild" könnte der Ursprung sein. Heute jedenfalls steht Brumby generell für einen Wildling. Das kann auch schon mal ein verwegener Mensch sein.

Tom Curtain
Pferdetrainer und Entertainer

Was in Amerika der Cowboy, ist in Australien der Stockman. So einer ist Tom Curtain aus Katherine, einer kleinen Stadt im Northern Territory. Tom versteht sich nicht nur auf Pferde, sondern auch auf Rinder, Büffel, Ziegen und Hunde. Er züchtet und trainiert Australian Stockhorses. In seiner Show demonstriert er das sanfte Training von Pferden, das Abrichten von Cattle dogs sowie das Rinderhüten.

Vor staunendem Publikum startet er ein völlig rohes Jungpferd und sitzt nach 15 bis 20 Minuten im Sattel. Naturgemäß hat das junge Pferd Respekt. Tom ist sanft und strahlt gleichzeitig Stärke aus. Damit gewinnt er in kurzer Zeit sein Vertrauen und gewöhnt es an Halfter und Sattel. Gleichzeitig „liest" er jede Bewegung des Pferdes und findet den richtigen Moment, um aufzusteigen.

Dann zeigt er mit seinem Hengst „Acres of Ra" und einer Gruppe Brahman Rindern das „Campdrafting", die australische Form des Cutting. Camp heißt Feld, Draft so viel wie Herausziehen. Der Braune legt die Ohren an und lässt kein Kalb vorbei. Stockhorses haben genausoviel Cow Sense wie ihre amerikanischen Kollegen, die Quarter Horses. Und erst recht die Hunde! Australien ist das Land der Cattle dogs. Die „Cats" treiben die Herde zusammen und in jede von Tom gewünschte Richtung. Angst kennen sie nicht. Dank ihrer Schnelligkeit können sie angreifenden Kühen ausweichen.

Toms Liebe gilt nicht nur den Pferden, sondern auch der Musik. Zum Abschluss seiner Vorführung holt er die Gitarre, setzt sich auf „Ra" und schmettert „Born out here" und „Smack Bang", die Countryhits der Aussies.

Campdrafting – das australische Cutting. Hier sind Reaktionsschnelligkeit sowie der berühmte „Cow Sense" von Pferd, Hund und Mensch gefragt.

Die Gitarre und das Pferd – für beides hat Tom Curtain ein Händchen. Seine Hits sind regelmäßig in den Country Charts.

Ruhig und sanft geht Tom mit dem jungen Pferd um und gewinnt so in kürzester Zeit das Vertrauen des Tieres, das noch nie mit einem Menschen zusammengearbeitet hat.

Die Bloomfield Stockhorses der Familie Haydon leben auf hügeligen Weiden, deren Zäune in weiter Ferne stehen.

Australian Stockhorse
Sympathisch, praktisch, gut

Das Australian Stockhorse ist so etwas wie die eierlegende Wollmilchsau: Freund, Arbeitspferd und Sportler, „a breed for every need", wie der Australier sagt: eine Rasse für jeden Bedarf. Und das bei einer durchaus handlichen Größe zwischen 1,50 und 1,60 m. Sympathisch, praktisch, gut!

Seine Dressur-Qualitäten schaue ich mir beim Turnier im ehemaligen Olympiastadion bei Sydney an. Stockhorses beherrschen alle Disziplinen, von der Dressur bis zum Polocrosse, einer Verbindung von Polo und dem Mannschaftssport Lacrosse. Sie glänzen aber nicht nur im Sport sondern auch beim Beauty-Contest der Eitelkeiten. Richterinnen stöckeln in Abendgarderobe über den Rasen und begutachten geschniegelte Vorführer und top gestylte Pferde. Welch ein Gegensatz zum Outback!

Die Pferde von Bloomfield

Die Crème de la Crème australischer Pferde finde ich im Gestüt Bloomfield im Norden von New South Wales, wo Familie Haydon seit fünf Generationen Stockhorses hält. Die Haydons züchten vornehmlich Polocrosse- und Rennpferde. Peter Haydon zeigt mir Stockhorses und Waler – die dritte Rasse Australiens. Der Name geht auf die Herkunft New South Wales zurück. „Im Grunde sind sie alle Waler", erklärt Peter, denn hier erreichten die Vorfahren aller australischen Pferde den Kontinent. Darunter waren Vollblüter, Araber, afrikanische Kap-Pferde, Shires und Clydesdales.

Stolz präsentiert Brandon East den jungen Hengst „Jarendan Just Saying", den Supreme Champion in der Führklasse.

Emma Gamack und ihr Stockhorse „Clairvale Tiger Gem" bei der Working Horse Prüfung. Hier werden dem Pferd alle Aufgaben der täglichen Arbeit im Outback abverlangt.

Der Waler ist ein Freund fürs Leben. Während die Stockhorses feiner und edler gezüchtet werden, ist der Waler das robuste, ausdauernde Arbeits- und Freizeitpferd geblieben.

Heute ist das Stockhorse das Sportpferd mit höherem Blutanteil, der Waler eher das kräftige Arbeits- und Freizeitpferd. Im ersten Weltkrieg wurden Waler zu Tausenden nach Ägypten und in die Türkei verschifft, wo sich ihr Mut, ihre Ausdauer und Genügsamkeit im heißen Wüstenklima bewährten. Waler Stute „Midnight" trug ihren Reiter Guy Haydon, Peters Großonkel, an die Front. Beim Sprung über einen Schützengraben durchschlug eine Kugel Pferd und Reiter. Guy überlebte, doch für „Midnight" gab es keine Rettung. Peter gibt mir ein wunderschönes Kinderbuch über die Freundschaft von Guy und „Midnight" mit.

Berührt von der traurigen Geschichte nehme ich Abschied von Australien. Die Aussies muss man einfach mögen, jetzt frage ich mich: Was erwartet mich wohl in Indien?

Von allen wilden Pferden, die ich gesehen habe, sind die Brumbies die scheuesten und vorsichtigsten.

Mein magischer Ort

BONROOK STATION

Nicht nur die Stimmung am Billabong, auch die Fahrten mit dem „Ute" durch die Baumsavanne berühren mich zutiefst. Sam zeigt mir Felsen und eine Höhle mit Malereien und Werkzeugen der Aborigines. Es sieht so aus, als wären die Ureinwohner nur zur Jagd gegangen und würden jeden Moment zurückkommen. Reale Zeugnisse der Vergangenheit, kein Museum, kein aufbereitetes Touristenarrangement.

Selbst das verwitterte Anwesen der Webers wirkt wie ein verfallendes Paradies. Eine Insel der Zivilisation im australischen Busch. Herrschaftliche Gebäude, die sich die Natur unaufhaltsam zurückholt. Ich koche in der verstaubten Großküche, esse im verwaisten Speisesaal und sehe vor meinem geistigen Auge die lachenden Gäste, die hier viel Spaß gehabt haben müssen. Ich bedaure nicht, all das verpasst zu haben. In der Ruhe und der Einsamkeit hat das Anwesen eine neue, großartige Wirkung. Der Wind weht trockenes Laub in den leeren Swimming-Pool. Ich gehe zu den Corrals, in denen Sam früher die Pferde der Station für Gäste gesattelt hat. Jetzt sind die Reitpferde im Ruhestand. Sie grasen entlang der kilometerlangen Zufahrt und unterscheiden sich nur durch ihre Zutraulichkeit von den Brumbies. Die Abende verbringe ich auf der Terrasse, lese oder schreibe Tagebuch. Draußen warten Wallabies darauf, dass ich schlafen gehe. Dann hüpfen sie herbei und suchen vor meinem Haus nach nahrhaften Wurzeln. Auf wohltuende Art fühle ich mich verloren und doch vollkommen aufgehoben.

*Wir alle sind Besucher dieser Zeit und dieses Ortes. Wir sind nur Durchreisende.
Unsere Aufgabe ist es zu beobachten, zu lernen, zu wachsen, zu lieben ...
Dann kehren wir nach Hause zurück.*

Weisheit der Aborigine

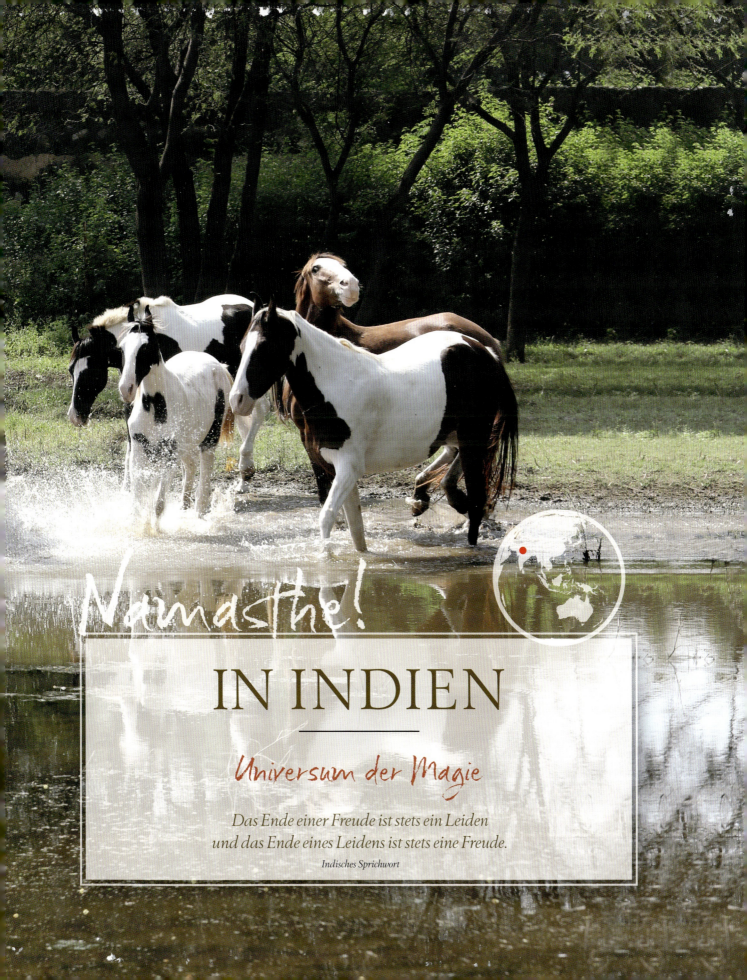

Namasthe!
IN INDIEN

Universum der Magie

*Das Ende einer Freude ist stets ein Leiden
und das Ende eines Leidens ist stets eine Freude.*

Indisches Sprichwort

IN INDIEN

Marwari
Die Fürstenpferde Rajasthans

Es ist schon dunkel, als ich in Delhi ankomme. Auf dem Weg zum Hotel: Kühe, Müllberge, Lärm, Bettler, Chaos in den Straßen – man kennt das aus Dokumentarfilmen. Doch vor Ort geht es erst richtig unter die Haut. Noch ahne ich nicht, dass Indien mich komplett verzaubern wird. Schon am nächsten Tag geht es zur Pferdefarm von Ute und Virendra nach Udaipur.

Es ist die Welt der Rajputen, eines Volkes der gehobenen Kriegerkaste. Ute aus Deutschland fand in Udaipur ihren Märchenprinzen – Virendra Singh Shaktawat. Auf luxuriösen Reitsafaris, den Princess Trails führen sie Urlauber und Einheimische durch Rajasthan. Die Pferde dazu züchten und trainieren sie selbst: stolze indische Marwaris.

Auf einem Ritt mit Ute sehe ich die Welt durch die charakteristischen Sichelohren meiner Stute „Radha". Über Felder und durch kleine Dörfer geht es zu einem Tümpel, in dem Wasserbüffel Schutz vor Hitze suchen. Die Begegnungen mit Menschen gehen ans Herz. Frauen mit scheuem Blick balancieren Wasserkanister auf dem Kopf. Kinder kommen in zerlumpten Kleidern angelaufen, winken uns zu und schauen uns mit ihren dunklen, unergründlichen Augen nach. Ihre Gedanken bleiben mir verborgen, doch ihr Lächeln ist umwerfend. Trotz Armut und gewaltiger Standesunterschiede habe ich in Indien niemals Neid oder Ablehnung gespürt.

Utes und Virendras Pferde können sich glücklich schätzen, dass sie ihnen Offenställe und Weidegang ermöglichen. Das ist in Indien eher die Ausnahme. Doch die Verehrung ist groß. Pferde sind göttliche Geschöpfe, die mit ayurvedischen Kräutern und Massagen verwöhnt werden. Nach alten vedischen Texten stellt jeder Körperteil einen Teil des Universums dar: Der Bauch ist die Atmosphäre, der Rücken ist der Himmel, die Knochen zeigen die Sternbilder.

Indische Kultur und Religion ist so komplex, dass ich nur einen Bruchteil davon erfassen kann. Die Offenbarung indischer Lebensweisen finde ich auf der Pushkar Fair, dem größten Kamel- und Pferdemarkt des Landes.

Reiten im Märchenland Rajasthan. Utes Marwaripferde tragen die Reitgäste leichtfüßig durch die Ausläufer der Thar-Wüste in Richtung Pushkar.

MARWARI

Marwar heißt eine Region in der Wüste Rajasthans. Dort wurden über Jahrhunderte edle Pferde für Kriegszwecke gezüchtet. Heimische Ponys wurden veredelt mit Rassen der zentralasiatischen Steppen und mit Arabern. Marwaris sind schlanke, schmale, hochbeinige Pferde mit stolzer Haltung und enormer Ausdauer. Manche verfügen über den Revaal, eine Gangart ähnlich dem Tölt. Am auffälligsten sind die Ohren, deren nach innen gebogene Spitzen sich oft sogar berühren. Dieses Merkmal bedeutet besondere Aufmerksamkeit und wurde im Lauf der Jahre als Schönheitsideal herausgezüchtet.

Pushkar Fair
Viehmarkt und Vollmondfest

Auf einem neuntägigen Ritt führt Ute ihre Gäste jedes Jahr zum Viehmarkt nach Pushkar. Die ansonsten beschauliche kleine Stadt wird im November zum Zentrum abertausender Viehzüchter, Händler, Pilger und Touristen. Es ist Pushkar Mela: das herbstliche Vollmondfest. Tausende Hindus nehmen ein Bad im heiligen Pushkar-See, um sich von ihren Sünden reinzuwaschen. Noch bekannter ist die Stadt für ihren Kamelmarkt – den größten der Welt. Zigtausend Dromedare, aber auch Pferde und andere Nutztiere wechseln in Pushkar den Besitzer.

Ein heißer Wind wirbelt den Sand der Thar-Wüste auf. Menschen aller Kulturen zwängen sich an Markt- und Imbissständen vorbei. Farben, Gerüche und Musik betören die Sinne. Ein Jahrmarkt mit Schießbuden und Riesenrädern bietet weltliches Vergnügen, und im riesigen Stadion finden traditionelle Wettkämpfe statt: Kamelrennen, Schönheitswettbewerbe für Mensch und Tier, tanzende Pferde. Der Umgang mit den Tieren entspricht nicht immer unseren westlichen Vorstellungen. Doch wer bin ich, als Gast im fremden Land Kritik zu üben.

Bei Ute, meiner Gastgeberin, ist das ganz anders: In bestem Reitstil auf ruhigen, zufriedenen Pferden führt sie ihre Gäste über den Markt. Tausend Augen sind auf sie und ihre Reitgruppe gerichtet und vielleicht guckt sich der eine oder andere ja etwas davon ab.

„Sei du selbst die Veränderung, die du dir wünschst für diese Welt."

Mahatma Gandhi

Das Kamel – in Indien ein Symbol für die Liebe.

Am Schmuck, Stolz und Können des Pferdes offenbart sich der Reichtum seines Besitzers.

GÖTTLICHE PFERDE

Im Hinduismus heißt es: Kühe sind heilig, Pferde göttlich. Ihre spirituelle Bedeutung hängt von der Farbe ab. Weiße Pferde mit heller Haut werden für religiöse Zeremonien, insbesondere Hochzeiten gezüchtet. Schwarze Pferde bedeuten Unheil, denn das Schwarz steht für Tod und Finsternis. Gefragte Glücksbringer sind Schecken und Füchse mit Abzeichen, am besten mit den „fünf göttlichen Zeichen": einer breiten Blesse und vier weißen Beinen.

DAS SPITI PONY – VON NATUR AUS SCHWINDELFREI

Das Spiti-Tal liegt rund 400 Kilometer, das sind gut zehn Autostunden, von Shimla entfernt. Es ist Heimat und Namensgeber der Ponyrasse. Spiti Ponys sind extrem zäh, genügsam und widerstandsfähig. Das geht auf Kosten der Schönheit. Die Tiere haben Knochen wie Kaltblüter, sind bärenstark und „unkaputtbar". Der Kopf ist groß und derb, die Beine kurz und stämmig. Schimmel herrschen vor, doch es gibt auch Braune, Füchse und Rappen. Sie erreichen kaum 130 cm Stockmaß. Im Klettern macht ihnen keiner etwas vor.

Die Ponys vom Himalaya
Dem Himmel so nah

„Was findest du besonders an den Spiti Ponys?" fragt mich Kirpal Pathania, der Direktor des Amtes für Landwirtschaft und Viehzucht in Shimla. Neben den edlen Marwaris gibt es in Indien eine Reihe weniger bekannter Ponyrassen, eine davon möchte ich kennenlernen. Die Spitis stammen aus einem knapp 4000 Meter hoch liegenden Gebiet im Himalaya. Dass mir die extreme Robustheit, Kraft und Genügsamkeit der Rasse imponiert, schmeichelt Kirpal fast persönlich.

Shimla liegt auf 2000 Metern Höhe in den Ausläufern des Himalaya. Die Stadt wirkt europäisch aufgeräumt. Es war die Sommerresidenz der britischen Kolonialherren, zahlreiche Gebäude erinnern daran.

Ich betrete ein kleines Touristikbüro und treffe Satish, der nicht schlecht über mein Interesse an den Spiti-Ponys staunt. Danach hat offenbar noch kein Gast gefragt. Das knapp 4000 Meter hoch gelegene Spiti-Valley ist jetzt, Ende Oktober, nicht mehr zu erreichen, doch Satish weiß trotzdem, wo ich die außergewöhnlichen Ponys finde.

Am nächsten Morgen brechen wir auf mit Ziel Kufri. Es geht noch tiefer in die majestätische Bergwelt. Die indische Zivilisation hat den Himalaya längst erreicht. An jedem Hang kleben ganze Wohnblocks. Fahrer Rana lenkt seinen kleinen Tata forsch durch die Serpentinen. Ständiges Hupen ist überlebenswichtig, denn der Gegenverkehr taucht oft völlig unvermittelt hinter der nächsten Kurve auf.

Schon am Ortseingang von Kufri stehen Spiti-Ponys in einem Pulk zusammengebunden am Straßenrand. Zur Polsterung ungeübter Reiter-Pos liegen rote Plüschkissen auf ihren

Im Spiti-Tal tragen die Ponys Bauern und Waren durchs Gebirge. Hier in Kufri tragen sie mit derselben Ausdauer Pilger und Touristen.

Yaks – Reit- und Nutztiere des Himalaya.

steinharten Sätteln. An jeder Straßenecke im Dorf warten Trauben von Ponys und deren Besitzer auf Kundschaft. Busladungen von Touristen und Pilgern lassen sich von den braven Tieren den steilen Pfad zum Gipfel Mahasu Peak tragen.

Ihr Ziel ist der Tempel der Göttin Deshu – und ein Vergnügungspark. Zottelige Yaks können für Fotozwecke bestiegen werden. Für die fleißigen Ponys gibt es einen Schluck Wasser, dann traben sie – zuweilen ohne menschliche Begleitung – wieder ins Tal hinunter. Satish und ich bewältigen den Weg zum Gipfel zu Fuß. Oben herrscht reger Betrieb, dennoch genieße ich etwas abseits die fantastische Aussicht über einen Ozean aus Bergen.

In der Höhe der Natur wohnt die Urseele.

Indische Weisheit

Mein magischer Ort

DAS GANZE LAND

Ganz Indien ist ein einziger magischer Ort. Ich durchlebe Wochen des Berauscht-Seins, ein Dauer-Wechselbad der Gefühle. Um die Faszination dieses Landes zu erfassen, werfe ich alle gewohnten Denkweisen über Bord und lasse mich ganz und gar ein auf den Zauber der Exotik.

Ich bewundere die vergötterten Fürstenpferde genauso wie ausgemergelte Arbeitspferde. Beide haben ungeahnte Kräfte. Ich treffe Menschen, die in Prunk und Reichtum schwelgen und Bettler, die hoffnungslos zu Leid und Armut verdammt sind, mit Müll und Lärm als ständigen Begleitern.

Als Europäerin werde ich im indischen Kastensystem hoch eingestuft. Ich muss erst lernen, Privilegien anzunehmen und mich bedienen zu lassen. Meine deutsche Tugend, mich nützlich zu machen, stiftet hier nur Verwirrung. Ich kann die Gesellschaft nicht umkrempeln, aber ich begegne allen Indern, gleich welchen Standes, mit großem Respekt.

Kultur und Religion sind so komplex, dass es wohl Jahre braucht, sie zu verstehen. Jeder hat Legenden und Geschichten parat. Wahrheit, Mythos, Glaube und Fantasie verschmelzen zu einer spirituellen Welt des Staunens und Fühlens.

Zum Abschied gibt mir Satish eine liebevoll gestaltete Karte mit einer Zeichnung von sich selbst, die mich sehr berührt und zu Hause einen Ehrenplatz bekommt.

„Es gibt wichtigeres im Leben als ständig dessen Geschwindigkeit zu erhöhen."
Mahatma Gandhi

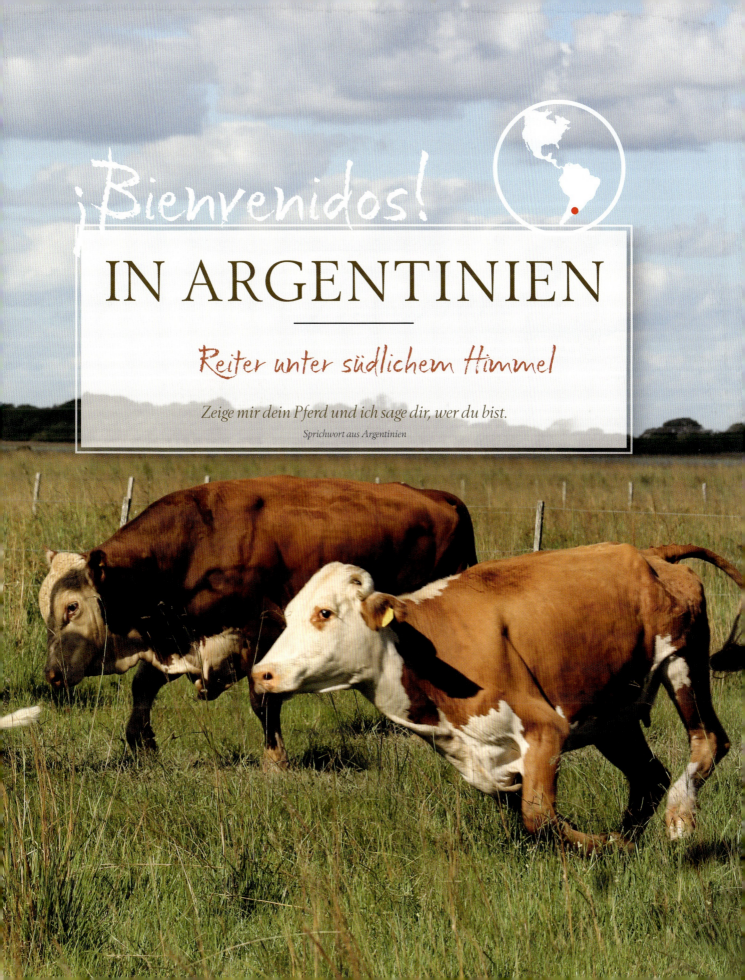

¡Bienvenidos! IN ARGENTINIEN

Reiter unter südlichem Himmel

Zeige mir dein Pferd und ich sage dir, wer du bist.
Sprichwort aus Argentinien

¡Bienvenidos! IN ARGENTINIEN

Gauchos und Criollos
Die Herren der Pampa

42 Grad Celsius ist der Hitzerekord meiner Reisen. Und das im Januar! Zuhause bibbern meine Freunde, während ich mein Ziel in Südamerika ansteuere: die Estancia Buena Vista, eine riesige Rinderfarm mit Gästebetrieb in der argentinischen Pampa. Ein Park mit alten Eukalyptusbäumen umgibt die kolonialen Gebäude. Die extremen Temperaturen legen über Mittag jegliche Aktivitäten lahm. Selbst die Eigentümer Klaus und Sarita Röhner stöhnen. Erst am späten Nachmittag rührt sich Leben. Drüben bei den Corrals schlürfen die Gauchos ihren Mate, ehe sie die Pferde satteln. Koch Lalo deckt die Kaffeetafel im Schatten der Baumriesen. Das Klappern des Geschirrs lockt die Feriengäste aus der Siesta.

Hier das herrschaftliche Haupthaus mit den Gästezimmern, einhundert Meter weiter Corrals, Brennofen, Schuppen für Geräte und Sattelzeug. Es ist die Mischung aus Luxus und ursprünglichem Leben, das Urlauber hierherzieht: Wohnen wie die Fürsten und arbeiten wie die Gauchos. „4000 Hektar Land, 3000 Kühe, 30 Wasserbüffel, 120 Pferde, x Ziegen, Schafe und Schweine" umreißt Klaus den Besitz. Einen Eindruck von den Dimensionen bekomme ich auf einem abendlichen Ritt. Sümpfe und Lagunen durchziehen das Land, das nur mit dem Pferd zu durchqueren ist.

Ich bin froh, dass ich einen großen Wallach reite, so bleiben meine Füße trocken. Unser Führer ist Fabián, ein charismatischer Gaucho, der mit seiner Mütze, der Boina, dem braungebrannten Gesicht und den Bombachas, leichten Stoffhosen, wie aus dem Bilderbuch aussieht und die typische lebhafte und dennoch Ruhe ausstrahlende Mentalität der Argentinier verkörpert. „Capibara, galápago, cocodrilo!" zählt er die Fauna der Estancia auf. Stammgast Christian

Wohnen unter Palmen: das herrschaftliche Haupthaus inmitten der Pampa.

Felipe (ganz links) gönnt seiner Crew eine Zigarettenpause im Schatten.

Felipe, Chef-Gaucho von Buena Vista.

DER ARGENTINISCHE GAUCHO

In den Adern des Gauchos fließt das Blut europäischer Einwanderer und südamerikanischer Ureinwohner. Er ist sozusagen Cowboy und Indianer in einer Person. Der ursprüngliche Gaucho war Nomade, dessen Zuhause die Wildnis war. Mit dem Vordringen der Estancias wurde aus dem Gaucho ein Lohnarbeiter. Sein Geschick im Umgang mit Pferden und Rindern ist legendär.

übersetzt: „Wasserschweine, Wasserschildkröten und sogar kleine Krokodile". Auch die Pferde und Rinder haben sich an das durchtränkte Land gewöhnt und stehen oft bis zum Bauch im Wasser.

Sechs Gauchos arbeiten in Vollzeit auf Buena Vista. Sie wohnen in bescheidenen Häusern auf dem Areal der Estancia und kommen im Morgengrauen mit dem Pferd zur Arbeit. Dazu gehört Impfen, Rindertreiben, Kälber-Brennen, Lassowerfen, das Einreiten der Pferde, Bau und Instandhaltung von Zäunen und Corrals. Felipe und Fabián weihen die Feriengäste ins Leben und in die Arbeit der Gauchos ein. Mit Gesten, Handzeichen und Zurufen klappt das einwandfrei, die wichtigsten spanischen Wörter sind schnell gelernt.

Während Fabiàn uns durch die Pampa führt, haben Felipe und Moncho fürs abendliche Asado eine Ziege geschlachtet. Argentinier sind Fleischesser, und wenn ich das freie Leben der Tiere sehe, genieße ich guten Gewissens die vorzüglichen Würste, Steaks und Koteletts.

Weide mit Pool: die Pferde erfrischen sich in der Lagune.

Der Preis der Freiheit

Heute kommt es knüppeldick. Drei junge Hengste werden kastriert, geimpft und gebrannt. Francisco, Chinino und Fabián zwingen einen kleinen Falben mit Lassos zu Boden und halten ihn fest. Felipe schärft das Messer und führt die blutige Arbeit aus. Moncho impft und drückt dem Jährling das Brandzeichen auf. Es zischt und riecht nach verbranntem Fell. Furcht und Verzweiflung liegen in den Augen des kleinen Hengstes. Für das halbwild lebende Pferd ist wohl nicht der Schmerz, sondern die Fesselung am schlimmsten. Als die Seile gelöst werden, springt es auf und läuft erleichtert auf die Weide. Ich muss wirklich schlucken beim Anblick dieser Arbeit. Doch ich verstehe, dass dieser eine schlimme Tag einem ganzen Leben in Freiheit gegenübersteht und den Tieren ihr artgerechtes, gesundes Leben erst ermöglicht. Ihre Zufriedenheit zeigt sich beim Reiten. Alle Criollos sind glasklar im Kopf, lauffreudig und verlässlich.

Bewundere den Großen, aber reite den Kleinen.
Spruch der Gauchos über Pferde

Mit dem Lasso werden die halbwilden Junghengste eingefangen.

Von klein auf sattelfest: Die Gauchos von morgen.

DER MARSCH DER CRIOLLOS

Auf den Estancias werden Pferde nicht in Watte gepackt. Sie führen ein hartes aber freies Leben in der Natur. So taff wie die Gauchos selbst sind ihre Pferde, die Criollos. Deren Ausdauer und Genügsamkeit wird in einer einzigartigen Leistungsprüfung – der Marcha – getestet. Ohne vorheriges Konditionstraining müssen Criollos in 14 Tagen 750 Kilometer zurücklegen, geritten von einem 90-Kilo-Mann. Sie erhalten kein Kraftfutter und stärken sich nur auf der Weide. 90 Prozent der Pferde, die diesen Marsch bewältigen, sind Stuten.

Der Criollo-Zuchthengst von Buena Vista. In Argentinien wird der Rassename „Crioscho" ausgesprochen.

Höllenritt der Teufelskerle. Der Sport mag für uns abstoßend sein, doch auch diese Pferde haben abseits der Arena ein freies, artgerechtes Leben.

DER BLICK AUFS GANZE

Ich will diesen Sport bestimmt nicht gutheißen, doch er gehört zum Land und zur Kultur dazu. Als unvoreingenommener Beobachter möchte ich mir ein neutrales Bild machen. Ich verurteile nicht andere Bräuche, ohne die eigenen zu überdenken. Ist ein Pferd, das über hohe Hindernisse springen soll, oder das 22 bis 23 Stunden pro Tag allein in einer Box steht, glücklicher als ein argentinisches Rodeopferd? Ich glaube nicht. Es ist doch die Pferdehaltung, die den größten Teil eines Pferdelebens ausmacht. Abseits der Arena haben die argentinischen Pferde zweifellos ein gutes, pferdegerechtes Leben.

Doma y Folklore
Die wilden Kerle von Jesús María

Bisher habe ich mir unter Doma feine spanische Reitkunst vorgestellt. Beim Festival de Doma y Folklore in der Kleinstadt Jesús María kommt der Begriff seiner Herkunft wesentlich näher. Doma kommt von domesticar und bedeutet Zähmung oder Bändigung. Und darum geht es beim großen Fest der Gauchos: um das Bezwingen widerspenstiger Pferde.

In blütenweißen Hemden, frisch gebügelten Bombachas (Pumphosen) und glattrandigen Sombreros sammeln sich verwegene Desperados am Rand des riesigen Stadions. Die kommende Aufgabe und die Blicke zehntausender Zuschauer scheinen sie kalt zu lassen. Sie verkörpern den argentinischen Machismo. Unwiderstehlich und unbesiegbar. Echte Männer eben.

Gitarrenmusik erklingt, die Stimme des Stadionsprechers eröffnet scheppernd das Spektakel. Die ersten Pferde werden von Reitern in die Arena geführt und an drei Pfosten in argentinischen Landesfarben festgezurrt. Noch scheinen sie ruhig, auch wenn einer trotzig an den Stricken zerrt. Mehrere Männer kümmern sich um die Pferde, sie verbinden ihnen die Augen und legen ihnen Sättel auf.

Unter tosendem Applaus betritt der erste der todesmutigen Reiter die Bühne und besteigt das immer noch angebundene Pferd. Sobald er im Sattel sitzt, hebt er die Hand, in der er die Rebenque, eine kurze Lederpeitsche hält. Helfer nehmen die Augenbinde ab und lösen den Anbindestrick. Der Gaucho drischt aufs Pferd ein, das augenblicklich explodiert. Mit Bewegungen, die ich noch nie gesehen habe, schießt es davon. Es springt senkrecht in die Luft, windet sich wie eine Katze und kämpft wie ein Löwe. Fünfzehn Sekunden muss der Gaucho diesen Höllenritt durchhalten, dann ertönt die erlösende Glocke und er wird von zwei Reitern vom Pferd geholt. Die meisten liegen aber schon vorher im Sand, stehen mühsam auf und schleichen geknickt von dannen. Die Pferde dagegen traben hoch erhobenen Hauptes aus der Arena. Fast scheint so etwas wie Triumph in ihrem Blick zu liegen.

An der Schnapsbar heilen die gefallenen Reiter ihren verletzten Stolz mit Rum oder Ginebra. Die Señoras indessen freuen sich nach so viel maskulinem Schneid auf Gefühlsduselei in Form von Popstar Abel Pintos, der nach Mitternacht herzzerreißende Schnulzen schmettert.

Und das ist längst nicht das Ende des Festivals. Bis um fünf Uhr früh wird geritten, gelitten, gejubelt und getanzt.

In aller Ruhe warten die Pferde auf ihren Auftritt.

Eine halbe Million Besucher kommen zum großen Fest nach Jesús María. Da werfen sich die Gauchos in Schale.

Mein magischer Ort

KEINE MAGIE, ABER EIN WOHLFÜHLORT

Auf Anhieb habe ich mich auf Buena Vista wohl gefühlt. Die Gauchos kernig und charmant, Klaus und Sarita gastfreundlich und liebenswürdig. Jederzeit würde ich dort Ferien machen und die Pampa auf einem der herrlich zu reitenden Criollos durchstreifen. Doch das Gefühl des Staunens, des Hynotisiert-Seins hat sich in Argentinien nicht bei mir eingestellt. Auch nicht in Patagonien, wo ich in der Stadt Bariloche, im Nahuel Huapi Nationalpark, in den Bergen und an Seeufern meinen magischen Ort gesucht habe. Die Natur ist fantastisch und erinnert an die Schweiz. Zur Zeit meines Besuches ist die Region reichlich überlaufen. Es sind Sommerferien in Argentinien und Bariloche ist ein beliebtes Urlaubsziel – vor allem für Argentinier und Chilenen. Ich sehne mich zurück in die Abgeschiedenheit der Estancia, wo ich mich schon zu Hause gefühlt habe.

Ich nehme den komfortablen Andesmar-Bus über die Anden nach Chile. Ziel: die Stadt Temuco, Zentrum der Mapuche Ureinwohner. Ob ich hier meinen magischen Ort finde?

Wer spricht, sät, und wer zuhört, erntet.
Sprichwort aus Argentinien

¡Mari mari!
IN CHILE
Zwischen Küste und Vulkan

„Für uns ist das Land nicht Eigentum, sondern der Raum unseres Lebens."
Chacho Liempe, Mapuche Musiker

FOLLOW THE HORSES | CHILE

Mari mari!
IN CHILE

Die Cimarrones von Chiloé
Wildpferde am Strand

Manchmal bestimmt der Zufall meine Route. In Temuco begegne ich zwei Reisenden aus Chiloé. Pedro berichtet von den dort lebenden Cimarrones – den wilden Pferden. Pamela ist Huilliche, das sind die Ureinwohner des südlichen Chile. Sie lädt mich ein, sie nach Chiloé zu begleiten. Bingo! Durch zwei zufällige Begegnungen komme ich auf eine zauberhafte Insel, von der ich bis dahin noch nie gehört hatte.

Pamela nimmt sich ein paar Tage Zeit, mir Menschen und Tiere ihrer Insel zu zeigen. Wir fahren zur Ostküste, Richtung Cucao. Dort sollen wilde Chilote Ponys leben. Kaum sind wir ausgestiegen, kommt schon eine kleine Pferdegruppe auf uns zugetrabt. Ein Reiter treibt sie in Richtung seiner Corrals. Keine wilden Pferde also. Doch er gibt uns einen Tipp, wo wir die Cimarrones, die wild lebenden Pferde finden. Sie treiben sich um diese Zeit wohl gern am Strand herum. Gegen den frischen Wind stapfen wir über den Sand. Schaudernd bewundere ich einige hartgesottene Bade-Urlauber, die sich trotz kühler Luft in die schäumende Brandung wagen. Es dauert

Was in Nordamerika die Mustangs, sind in Südamerika die Cimarrones: Nachkommen verwilderter Pferde.

Einst wie heute: die Huilliche sind ein mutiges Reitervolk.

Jahren als erste ihrer Art das Land betraten. Isoliert auf der Insel blieben sie über zwei Jahrhunderte reinblütig. Erst im 19. Jahrhundert brachten Chilenen ihre Criollos nach Chiloé. Viele Pferdebesitzer kreuzten ihre Ponys mit den größeren, eleganteren Criollos, doch die wilden Chilotes blieben weitgehend unvermischt.

Huilliche – die Menschen des Südens

Der schicke Hengst von Oscar Millalonco Chiguay ist ein Cruzado – eine Kreuzung. Wir sind auf der anderen Seite der Insel, in der Comunidad Lelbun, wo die Huilliche nach ihren Traditionen zusammenleben. Die Huilliche gehören zur Volksgruppe der Mapuche, der Ureinwohner des südlichen Südamerika.

Dunst liegt über dem Golf von Corcovado und vernebelt den Blick hinüber zu den Andenkordilleren auf dem chilenischen Festland. Verwitterte Holzhäuser reihen sich am Strand dicht an dicht. Ein paar alte Autos stehen auf den staubigen Straßen. Die ganze Insel Chiloé wirkt rückständig, doch in der Huilliche-Gemeinde blieb die Zeit wohl noch früher stehen. Das Pferd ist bis heute wichtigstes Transportmittel. Oscar zeigt eine Kostprobe seiner Reitkunst und lässt seinen Fuchs am Strand entlang galoppieren. Einst waren die Huilliche gefürchtete Reiterkrieger. Die Kriege sind vorbei, die Ureinwohner haben fast alles verloren, aber nicht ihren Stolz, ihre Hoffnung und ihre Liebe zu den Pferden.

nicht lang, bis hinter den Dünen eine Gruppe kleiner brauner Pferde auftaucht. Hier und da am Strandhafer zupfend, kommen sie langsam näher. Sie werfen uns abschätzende Blicke zu, stören sich aber kaum an uns.

Ob wild oder in Menschenhand, die Chilote Ponys sind Nachfahren der spanischen Pferde, die vor gut fünfhundert

Mapuche
Menschen der Erde

Zurück auf dem Festland ist mein Ziel das Camp Antilco, der Wanderreitbetrieb eines deutschen Aussteigers. Dort höre ich von der Mapuche-Familie Coñequir, deren Comunidad Camilo Coñequir Lloftunekül nicht weit von Antilco liegt. Also mache ich mich zunächst dorthin auf den Weg. Wald, Berge und Vulkane umrahmen das Tal des Rio Trankurra, in dem die Häuser der Mapuche stehen. Auf einer Wiese grasen ein paar Kühe und zwei Pferde. Ich bin entzückt, als Pablo Coñequir mich in österreichisch angehauchtem Deutsch begrüßt. Er hat zwei Jahre in Innsbruck gelebt, spricht außer Deutsch und Spanisch auch Mapudungun, die Sprache seines Volkes. „Viele Mapuche leben heute verbittert und verarmt", erklärt er. „Wir wollen nach vorn sehen und setzen auf Versöhnung und Austausch". Die Familie lebt von ihrer kleinen Landwirtschaft und

DAS TRAURIGE SCHICKSAL DER STOLZEN MAPUCHE

Eigentlich gebührt den südamerikanischen Indianern genauso viel Ruhm wie den nordamerikanischen. Auch sie verstanden sich nach Ankunft der spanischen Konquistadoren glänzend auf Pferde und konnten dank ihrer Reitkunst den Invasoren über Jahrhunderte Stand halten. Erst nach der Unabhängigkeit Chiles wurden sie von der chilenischen Armee besiegt und mussten einen Großteil ihres angestammten Landes Großgrundbesitzern überlassen. Dieses Unrecht hält bis heute an.

Das Symbol der Mapuche zeigt die vier Elemente, die vier Himmelsrichtungen, die Sonne, den Mond und die Sterne.

Die Ruka, das traditionelle Schilf-Haus der Mapuche.

den Einnahmen von interessierten Besuchern, die den Weg hierher finden.

Pablo und die Kinder tauschen Jeans und Shirts gegen ihre traditionellen Kleider und holen eins der Pferde von der Weide. Pferde sind die heiligen Tiere der Mapuche. Dennoch haben sie nicht die persönliche Bindung zu ihren Pferden wie wir. Sie geben ihnen keine Namen, und das Pferd, das gestern noch geritten wurde, kann morgen auf dem Grill landen. Denn zu hohen Festen und Ritualen wird traditionell Pferdefleisch verzehrt. Für sie ist das kein Widerspruch. Ob mir die Bräuche gefallen oder nicht: Ich empfinde tiefe Dankbarkeit, wenn Menschen fremder, noch dazu unterdrückter Kulturen mir mit offenem Herzen begegnen. Das gilt ganz besonders für die Mapuche, die noch immer ihrer natürlichen Ressourcen wie Wäldern und Wasser beraubt werden.

Pablos Familie in traditioneller Mapuche Kleidung.

In waldreichen Gebieten sind die Rukas aus Holz, wie die Ruka Trankurra der Coñequirs.

MAPUDUNGUN

„Che" steht für Mensch, „Mapu" für Erde. Mapuche heißt demnach Menschen der Erde. Das Mapudungun-Wort für Pferd ist Kawellu, abgeleitet vom spanischen „Caballo". Denn erst durch die Spanier kamen die Mapuche zum Pferd.

Spaß und Erfrischung im Fluss. Die meisten von Mathias' Pferden sind Mischlinge. Für ihn zählen Zuverlässigkeit, Trittsicherheit und Gesundheit mehr als ein Stammbaum.

Die Vulkanreiter
Abenteuer in den Anden

Antilco ist Mapudungun und heißt soviel wie: tanzendes Sonnenlicht auf dem Wasser. Der glitzernde Bergbach, der hinter dem Camp vorbeirauscht, hat Mathias und Karin zu dem Namen ihres Reiterhofes inspiriert.

Der Vulkan Villarrica pustet schwarze Aschewölkchen in die Luft. Ein Zeichen, dass ein Ausbruch bevorsteht. Nervenkitzel gehört bei Mathias Boss zum Alltag. Antilco liegt nur einen Steinwurf vom Vulkan entfernt.

Seelenruhig grasen die Criollos und Mestizos im Schatten des Feuerbergs. Bis eine Gruppe kolumbianischer Geschäftsleute eintrifft, die eine dreitägige Tour gebucht haben. Der „Boss" hat ein eingespieltes Team aus Gauchos und ehemaligen Gästen: Luis, wortkarger Vollblut-Horseman; Aldo, immer freundlich und hilfsbereit; Carmen, der Sonnenschein; Alejandra, das Organisationsgenie. In perfekter Zusammenarbeit führen sie die kolumbianischen Machos durch Araukari-

Reiten in den Anden heißt tief durchatmen, den Pferden vertrauen, das Panorama genießen.

enwälder, vorbei an Vulkanen und Gletschern bis zum Camp am idyllischen Icalma See. Dort schließe ich mich am nächsten Tag der Etappe bis zur argentinischen Grenze an. Die Männer füllen ihre Flachmänner und schwingen sich in die Sättel. Luis und Aldo müssen in der unberührten Bergwelt reitbare Wege suchen. „Vertraut euren Pferden!", meint Mathias. „Sie wissen am besten, wohin sie ihre Hufe setzen." Egal, wie steil die Pässe sind, die Gäste zweifeln nicht am Geschick ihrer Pferde. Sie kennen wohl nur eine Angst: dass ihnen der Tequila ausgeht.

Rast im Schatten der Araukarie, einem für die immergrüne Vegetation typischen Baum.

Am höchsten Punkt bietet sich ein atemberaubender Ausblick über zwei Länder. Meine Rappstute „Polca" steht mit den Vorderbeinen in Argentinien, mit den Hinterbeinen in Chile. Kein Zeichen von Zivilisation ist auszumachen. Um uns herum nichts als Berggipfel, Vulkane, tiefblaue Seen und dunkle Wälder. In der Ferne zieht ein mächtiger Kondor seine Kreise. Dem Himmel nah werden alle ruhig, selbst die großspurigen Hombres aus Kolumbien. Für einen Moment steht die Welt still. Ich schließe die Augen und versuche, mir diesen magischen Moment einzuprägen, um ihn für immer im Herzen zu tragen.

Mein magischer Ort

CHILOÉ

Ich wandere mit Pamela über den Strand am südlichsten Punkt meiner Reisen. Vor uns liegt der unermessliche pazifische Ozean. Ich spüre die Magie dieses Ortes.

Chiloé scheint wie eine verwunschene Insel, auf der die Uhren langsamer gehen. Das Klima ist zu ungemütlich, als dass nennenswerte Touristenströme hierherkämen. Auch mir wäre die Insel fremd geblieben, hätte sie mich nicht „gerufen" – in Gestalt von Pedro und Pamela. Solche Reisen ins Ungewisse sind die intensivsten Erfahrungen. Ich staune wie ein Kind über die Palafitos – die bunten Stelzenhäuser in Chiloés Hauptstadt Castro; über die Häuser und Kirchen, die vollkommen aus Holz gebaut sind – außen und innen – einschließlich hölzernem Altar.

„Chiloé ist der einzig sichere Ort in Chile", meint Pamela. Und tatsächlich fühle ich mich geborgen bei den freundlichen und fröhlichen Chiloten, die mir wie eine große Familie vorkommen. Alles wirkt gemächlich und ein wenig gestrig, doch gerade das macht den Zauber der Insel aus.

Auch die Chilote Ponys scheinen wie ein Relikt aus vergangener Zeit. Die Schönheit ihrer spanischen Vorfahren haben sie durch die natürliche Auslese verloren. Selbst gegen Mustangs oder Brumbies sehen sie mickrig und unscheinbar aus. Doch sie strahlen Ruhe und Kraft und den Spirit freilebender Pferde aus, der mich immer wieder fasziniert.

„Ich weiß, dass alle Vorurteile von der Kultur geprägt werden, in der wir aufgewachsen sind."

Isabel Allende

¡Saludos!

IN SPANIEN

Pura Raza, Pura Nobleza

Je spektakulärer das Pferd, desto stolzer der Caballero.
Sprichwort aus Andalusien

¡Saludos! IN SPANIEN

Yeguada Querencias Wohlfühlort für Mensch und Pferd

„Elegido" hat die Aura eines Märchenprinzen. Sein Fell und das seidige Langhaar schimmern wie Perlmutt, der Blick aus seinen nachtschwarzen Augen lässt mich dahinschmel-

Ramón zeigt die Doma Vaquera, die Reitweise der Rinderhirten mit der Garrocha.

zen. Der herrliche Schimmel ist Stammhengst der Yeguada Querencias, dem Gestüt von Désirée Lang. Die gebürtige Stuttgarterin züchtet in der Sierra de Grazalema spanische Traumpferde. Es ist Mai und das Land ist noch im Saft. Doch grüne Wiesen, die leuchtende Blütenpracht von Oleander, Bouganvillea und Jacaranda werden bald in der trockenen Hitze des andalusischen Sommers verblassen.

„El buen PRE sigue siendo blanco" (ein guter Spanier ist weiß), sagen die traditionellen Züchter, und auch Désirée steht zu der Tradition und besitzt ausschließlich Schimmel. Die passionierte Züchterin ist so charismatisch wie ihre Pferde und nimmt mich herzlich in ihrer weitläufigen Anlage auf. Querencias heißt soviel wie „Ort zum Wohlfühlen". Das kann ich bestätigen. Neun Zuchtstuten und einige Jungpferde tummeln sich auf den Weiden. Auch die Hengste haben täglich Auslauf. Für ihre Ausbildung ist Bereiter Ramón Tirado zuständig, der aussieht wie der kleine Bruder von Richard Gere.

Désirées vierbeiniger Superstar heißt „Galileo YQ", hat 1,72 m Stockmaß und ist ein Athlet durch und durch. Sein Gangwerk entfaltet enorme Schubkraft und Dynamik. Schon mit seinen acht Jahren hat der Grauschimmel eine ganze Sammlung an Goldmedaillen in Zucht- und Dressurprüfungen gewonnen. „Galileo" ist ein Spitzenvertreter des modernen Sporttyps und der beste Beweis, dass dieser nichts von der Ausstrahlung des echten PREs (Pura Raza Española) eingebüßt hat.

Sportlich: Superstar „Galileo YQ", der im moderneren Pferdetyp steht und mit Schwung und Geschmeidigkeit zu begeistern vermag.

Persönlich bevorzuge ich jedoch die ursprünglichen, unverfälschten Typen. Sie stehen für die Geschichte und die individuelle Reitkultur eines Landes. So bleibt „Elegido", der Barocktyp, meine Nummer Eins. Er ist deutlich kleiner und graziler als „Galileo", sanftmütig und, laut Désirée „im Grunde eine coole Socke". Ramón erlaubt mir, ihn zu reiten. Ehrfürchtig steuere ich den Prachtschimmel über den Platz. Vor mir ein muskulöser, langer Hals, bedeckt von schimmernden Locken. Seine Bewegungen sind geschmeidig und kraftvoll, die Ohren aufmerksam, der Körper hochsensibel.
Ein wahrlich erhebendes Gefühl!

Barock: Traumpferd „Elegido LXV". Der etwas kleinere und grazilere Pferdetyp verkörpert den ursprünglichen PRE.

La Feria de Caballo
Fest der Sinne

Im Mai strömt die Pferdewelt Spaniens zur Feria de Caballo in die Pferdehauptstadt Jerez de la Frontera. Das Tor zum Park González de Hontoria ist der Eingang in die andalusische Lebensart: herausgeputzte Reiter und Pferde, prächtige Gespanne, bunte Kleider, Wein, Lichter, Rhythmen, Flamenco.

Eitle Señores passagieren mit stolzgeschwellter Brust durch die Straßen. Ich kann nicht sagen, auf was sie sich mehr einbilden: ihre edlen Rösser oder ihre schönen Sozias, die sich in leuchtenden Rüschenkleidern an sie schmiegen.

Die Straßen sind mit Blumen und Girlanden geschmückt. Reiter und Gespanne flanieren in flirrender Hitze bis zum Einbruch der Dunkelheit durch die Straßen. Danach erleuchten Millionen Lichter die Promenaden, wo Besucher aus der ganzen Welt bis in die frühen Morgenstunden lustwandeln.

Lauschige Casetas säumen die Straßen, das sind Festbuden von Bruderschaften, die Tapas, Wein und Sherry anbieten. Es wird getanzt, getrunken, gelacht und geweint, denn auch die härtesten Machos werden bei traurigen Gitarrenklängen melancholisch.

Ich treffe Désirée in der Lounge des Zuchtverbandes. Groß, blond, deutsch – ist sie hoch angesehene Lichtgestalt der

Caballo y Señorita – Stolz des Caballeros sind seine Freundin und sein Pferd.

Millionen Lichter im Park González de Hontoria machen während der Feria de Caballo die Nacht zum Tage.

Züchtergarde. Mit ihrer Kompetenz hat sie es bis in die Verbandsspitze gebracht.

Draußen macht Ramòn den Schimmel „Galileo" fertig für die Dressurprüfung. An den Anbindeplätzen werden Pferde und Sättel hingebungsvoll auf Hochglanz gebracht.

Im Sportstadion kochen die Emotionen. Reiter und Züchter holen in Wettbewerben und Zuchtschauen alles aus ihren Stars heraus. Ramòn lässt „Galileo" tanzen, das Publikum raunt vor Bewunderung und Désirée strahlt voller Stolz.

Pura Raza, Pura Nobleza: Reine Rasse, reiner Adel ist das Motto des Zuchtverbands. Und das erfüllen die spanischen Schönheiten hier durchweg.

FOLLOW THE HORSES | SPANIEN

Mit tänzerischer Leichtigkeit wird hier Pirouette in der Doma Vaquera geritten.

Vaqueros treiben die Zuchtstuten direkt von der riesigen Weide zum Vorführring.

Acampo Abierto
Die Freiheit von Los Alburejos

„Pferde sind mein Leben, Stiere meine Leidenschaft, Sherry Weine sind mein Blut und das Land ist meine Freiheit". Das ist die andalusische Seele und die Welt von Alvaro Domecq. Auf seiner Finca Los Alburejos züchtet Alvaro Pferde und Kampfstiere. Alle Aspekte von Zucht, Haltung und Training ihrer Tiere zeigen Alvaro und seine Vaqueros in ihrer wöchentlichen Show „Acampo Abierto". Das bedeutet „Offenes Land" und beschreibt den natürlichen Lebensraum von Pferden und Rindern. Direkt von den riesigen Weiden treibt eine Gruppe Vaqueros nacheinander Stuten, Kuhherden und Ochsen in die Arena. Sie demonstrieren die Arbeit mit der Garrocha, einer langen Treibstange, mit der die Kühe sortiert werden. Dazwischen zeigt Alvaros Cousin spanische Dressur vom Feinsten: Doma Clásica und Doma Vaquera. Letzteres ist die Kunst der Rinderhirten, deren höchste Stufe der Rejoneo ist, der berittene Stierkampf. Es kommen ausdauernde, schnelle, wendige Pferde wie Vollblüter, Anglo-Araber, Hispano-Araber oder auch Kreuzungen zum Einsatz. Hier jedoch nur Wallache. Alvaros kostbare PRE Hengste werden nicht kastriert, zu viel Testosteron könnte jedoch fatale Folgen beim Stierkampf haben. Höhepunkt der Show sind die Kampfstiere. Acht dieser mächtigen Kraftpakete donnern schnaubend in den Ring. Begleitet werden sie von einigen Ochsen, die trainiert sind, die geballte Energie und Aggression der Bullen zu mäßigen. Gebannte Stille auf den Zuschauerrängen. Keiner kann sich der Faszination dieser imposanten Tiere entziehen. Ich bin kein Freund von Stierkampf, doch ich betrachte das ganze Bild. Bis zu ihrem Auftritt in der Arena haben Kampfstiere ein gutes, freies, würdevolles Leben. Alvaro Domecqs Show ist die Inszenierung andalusischer Werte und Traditionen, zu denen Schönheit, Disziplin, Mut und Grazie gehören.

Geballte Kraft: Die Kampfstiere sind beeindruckend und lassen Zuschauern den Atem stocken.

El Maestro: Alvaro Domecq bei der Arbeit. Pferde und Hunde sind unverzichtbare Helfer.

El Rocío
Pilger, Partys, Prozessionen

Staubteufel wirbeln durch die Straßen von El Rocío. Keine Menschenseele ist zu sehen. Häuser, Bars und Läden sind verschlossen. 51 Wochen im Jahr liegt El Rocío im Dornröschenschlaf. Erst zu Pfingsten erwacht das Nest zum Leben. Und wie! Aus den knapp 800 Bewohnern werden tausend Mal so viele. Es ist die Zeit der großen Wallfahrt, der Romería. Aus allen Landesteilen machen sich Hermandades – Bruderschaften – auf den Weg.

Zu Fuß, zu Pferd, in Autos oder ganz traditionell in bunten Planwagen. Jede Bruderschaft führt einen Maultier- oder Ochsenkarren mit, in dem sie die Statue der Schutzpatronin ihrer Stadt transportiert. Diese Carretas sind üppig mit Blumen, Gold und Silber verziert und sehen aus wie rollende Altare.

Spätestens am Samstag treffen die Bruderschaften in El Rocío ein und stehen stunden- und kilometerlang Schlange vor der Kirche Ermita del Rocío. Geduldig warten sie darauf, an deren Portal den Segen des Bischofs zu empfangen.

Scharen von Besuchern, Reportern, Händlern lassen sich das Spektakel nicht entgehen. Menschenmassen fluten die Geschäfte, Restaurants und Bodegas. Gläubige finden sich

Ziel der Wallfahrt: Die Kirche Ermita del Rocío mit der berühmten Figur der Madonna mit dem Jesuskind.

Jede Bruderschaft führt ihre reich verzierte Carreta zur Kirche.

Zu Fuß und zu Pferd nähern sich die Romeros, die Pilger, ihrem Ziel, der Ermita del Rocío.

DIE HEILIGE JUNGFRAU VON EL ROCÍO

Schon vor der Zeit der Mauren soll es im Sumpfland um den Fluss Guadalquivir eine Kapelle mit der Madonnenfigur gegeben haben. Der Legende nach wurde die Statue während der maurischen Herrschaft in einem hohlen Baum versteckt und erst nach der Reconquista, der Rückeroberung durch die Christen, wiedergefunden. An ihrem Fundort entstand schließlich der Wallfahrtsort El Rocío.

Sie rührt die härtesten Hombres zu Tränen: die heilige Jungfrau von El Rocío.

zum Gottesdienst in der Ermita ein. Über deren Altar thront die heilige Jungfrau von Rocío, eine goldglänzende Madonnenfigur mit Jesuskind. Sie ist das Ziel der Pilgerfahrt. Obwohl die Romeros, die Pilger in der Stadt lachen, tanzen und trinken, versinken sie beim Anblick der Madonna in stille Andacht, viele brechen hemmungslos in Tränen aus. Feierlust und Gottesfurcht sind in Andalusien kein Widerspruch, sondern Ausdruck überschäumender Gefühle.

In der Nacht zum Pfingstmontag überwinden die Pilger die Absperrung und rauben die Madonnenfigur aus der Ermita. Des nachts tragen sie sie durch die Stadt. Jeder versucht, sie zu berühren und sich damit ihren Segen fürs kommende Jahr zu holen.

Erschöpft und übernächtigt, glücklich und beseelt machen Pilger und Besucher sich spätestens am Dienstag auf die Heimreise und überlassen die Stadt wieder Stille und Staub. „Hasta la vista!" – Bis wir uns wiedersehen!

Mein magischer Ort

EL ROCÍO

Die ganze Klaviatur der Emotionen wird zu Pfingsten in El Rocío gespielt. Sherry fließt in Strömen, wagenradgroße Paellas garen duftend überm Feuer, Frauen in aufreizenden Rüschenkleidern tanzen ekstatisch Flamenco. Neben inbrünstigem Beten, Beichten und Büßen beladen sich die Gläubigen gleich wieder mit allen irdischen Sünden und Lastern. El Rocío, das sind Fröhlichkeit und Frömmigkeit, Hingabe und Hemmungslosigkeit, Sentimentalität und Sause. Obwohl ich nur als Beobachterin durch die vibrierende Stadt gehe, lasse ich mich mitreißen von der Verzückung, der Liebes- und Leidenslust der Menschen. Von den Familienfesten auf den Verandas, von den Besucherströmen, die sich bis in die Nacht durch die Straßen wälzen. Von den unerschöpflichen optischen, akustischen und kulinarischen Leckerbissen. Von den Pferden und Maultieren, die unbeirrt Kutschen durch den Trubel ziehen, als hätten sie Verständnis für die Eskapaden ihrer Herren. El Rocío feiert in wenigen Tagen die verpassten Freuden eines ganzen Jahres. Ein wahrhaft magisches Feuerwerk der Exzesse.

„Andalusien, warm und heiter. Mein Land. Wo ich lernte zu horchen, bevor ich lernte zu sprechen. Zu reiten, bevor ich gehen konnte. ‚Pony' zu sagen bevor ich sagte ‚ich bin'."
Alvaro Domecq

Sain Bainu!
IN DER MONGOLEI

Land im Urzustand

*Solange dein Vater gesund ist, lerne Menschen kennen;
solange dein Pferd stark ist, lerne Orte kennen.*

Mongolisches Sprichwort

IN DER MONGOLEI
Sain Bainu!

Steppenwind und Wüstensand
Die Welt der Nomaden

Ganz allein wäre ich verloren in den Dimensionen dieses Landes. Ich vertraue mich Surenkhorloo an, einer mongolischen Reiseleiterin. Suren spricht deutsch und kennt gefühlt die Hälfte aller Mongolen. Sie und Fahrer Erkhemee sind meine Begleiter für die nächsten zehn Tage und 2000 Kilometer. Außerhalb der Städte gibt es oft nur Pisten, manchmal nur Reifenspuren im Gras. Führen sie nicht in die gewünschte Richtung, schert Erkhemee aus, lenkt den Isuzu querfeldein, nur der Sonne, dem Horizont und seinem inneren Kompass folgend.

Von der Hauptstadt Ulan Bator aus fahren wir Richtung Süden. Unterwegs weiden Herden von Rindern, Ziegen, Schafen und Pferden in der baumlosen Steppe. Zäune kennen sie nicht. In mehreren Kilometern Distanz steht die Jurte ihrer Besitzer.

So weit die Steppe, so beengt ist die Einraumbehausung für die Nomadenfamilie. Dort wird gekocht, gegessen, gelacht,

Baumlos, zeitlos, grenzenlos: das Leben in Wüste und Steppe.

gesungen und geschlafen. Und mehr und mehr auch ferngesehen. Denn dank Solarstrom und SAT-Schüsseln dringt die Außenwelt inzwischen mittels TV und Smartphone auch in gut die Hälfte aller Jurten. Vor der Tür parken heute Mopeds und Kleinlaster, die die Arbeit erleichtern. Doch wichtigster Helfer ist immer noch das Pferd. Fast bei jeder Jurte sind ein paar Pferde an einem Hochseil angebunden. Sie werden morgens von den Männern mit dem Lasso eingefangen und stehen für die anfallenden Transporte und Viehtriebe bereit.

Mit Erreichen der Gobi wird aus Pferdeland mehr und mehr Kamelland. Seit Jahrhunderten haben die Nomaden gelernt, zu improvisieren und Chancen zu erkennen. Kamelzüchter Zorigoo hat das Tourismusgeschäft entdeckt. Am Rand malerischer Sanddünen hat er drei Gästejurten aufgebaut. Zorigoo ist ein Hüne, seine winzigen Augen verschwinden im fleischigen Gesicht, wenn er lächelt. Seine Frau Urangoo offeriert salzigen Milchtee. Die Familie empfängt Besucher aus aller Welt mit mongolischer Gastfreundschaft. Draußen stehen die Trampeltiere, die zweihöckrigen Kamele, für Wüstenritte bereit.

Tourismus, Fernsehen und Mobilfunk schwächen den Mythos Mongolei. Wir sehnen uns nach der unberührten Natur, nach der Ursprünglichkeit. Doch junge Nomaden sind zwischen alten Werten und neuen Versuchungen hin- und hergerissen. Viele träumen vom modernen Leben in der Stadt. Man kann es ihnen nicht verdenken.

Zorigoo, Kamelzüchter und Geschäftsmann, der für Touristen Ausritte auf dem Kamelrücken organisiert.

Trampeltiere sind die Gefährten der Gobi-Nomaden.

Pferde der Mongolei
Die Wilden und die Willigen

Von der menschenleeren Gobi holpern wir in mehreren Tagesetappen nach Norden. Das Land wird grüner, glasklare Flüsse und Seen bieten Menschen und Tieren gute Nahrungsgrundlagen. Pferdeherden tummeln sich am und im Wasser. Ich wundere mich, als wir doch Zäune sehen. Suren klärt mich auf: hier werden Kartoffeln oder Rüben angebaut. Mongolen zäunen ihre Felder ein, um sie vor den freilaufenden Tieren zu schützen. Verkehrte Welt!

Zwei Viehhirten treiben ihre Ziegen und Schafe über das Land. Nur mit dem Pferd können sie das Wasser durchqueren. Noch heute ist es unverzichtbar, dieses kleine, unscheinbare Tier, das schon mit Dschingis Khans Reiterhorden Weltgeschichte geschrieben hat. Mongolische Pferde sind Reittiere, Lastenträger, Milch- und zuweilen auch Fleischlieferanten. Sie sind klein, knochig, mit derbem Kopf und starkem Unterhals. Keine Schönheiten nach unserem Maßstab.

Noch ursprünglicher als die Arbeitspferde kann nur eins sein: das letzte echte Urwildpferd, das Przewalski. In freier Wildbahn ausgestorben, wurden ausgewählte Tiere aus Zoobeständen in zwei Regionen ihrer ursprünglichen Heimat, der Mongolei, wieder ausgewildert. Eine davon ist der Hustai Nationalpark 100 Kilometer vor Ulan Bator. Dort wollen wir den Takhi, so der mongolische Name für das Urwildpferd, aufspüren. Am Rand des Parks stehen Jurten-Camps für Touristen. Als wir ankommen, rollen gerade etliche Fahrzeuge in den Park hinein. Ich bin ein wenig enttäuscht, doch zum Glück weiß Erkhemee, wo die Wasserstellen sind. Zielstrebig führt er uns zu einem Bach, an dem eine ganze Gruppe Wildpferde gerade ihren Durst stillt. Ich bin hellauf begeistert und nutze die Zeit zum Fotografieren, bevor weitere Fahrzeuge eintreffen und sich die kleine Herde wieder in die Berge zurückzieht.

PRZEWALSKI – DER WILDE VORFAHR

Takhi heißt das Przewalskipferd in seiner mongolischen Heimat. Es ist das letzte, echte Urwildpferd, dessen Vorfahren nie domestiziert wurden und das selbst unzähmbar geblieben ist.

DAS MONGOLISCHE PFERD

Morj – das ist der mongolische Name für das Pferd. Es verfügt über enorme Kraft, ist genügsam und erträgt Temperaturen von plus bis minus vierzig Grad. Das halbwilde Leben bewahrt seine Eigenständigkeit, Gesundheit und eine enorme mentale Stärke.

Das Pferd ist in der Mongolei allgegenwärtig. Sogar auf den Geldscheinen. 100 Tugrik entsprechen ungefähr fünf Cent.

Das Rennteam: Züchter Amarsaikhan, Jockey Javkhaa und Pferd „Bayran" mit typischer Rennfrisur.

Rinder treiben: für die Kinder Spaß und Arbeit zugleich.

Pferd und Mensch
In Freiheit verbunden

Um noch mehr über die Zucht, das Training und die Dienste der Pferde zu erfahren, besuchen wir Surens Heimatregion. In einem Flusstal nicht weit von der Kleinstadt Bornuur haben Surens Verwandte ihre Lager aufgeschlagen. Sie leben halbnomadisch und verbringen nur den Sommer in der Steppe. Ab Oktober herrscht Dauerfrost, und wer kann, verbringt den Winter in der Stadt.

Im Vergleich zur Gobi ist hier richtig viel los. Zu beiden Flussufern stehen Jurten, es ist eine richtige Kolonie. Tausende Tiere tummeln sich auf den Wiesen und am Wasser.

Plötzlich kommen uns zwei Jungs im Höllentempo entgegengaloppiert. „Tschu!" spornen sie ihre Pferde an und – Wusch! – sind sie auch schon vorbei.

Erkhemee parkt den Jeep vor der Jurte von Surens Brüdern und wir werden mit Milchtee und Boortsog – frittiertem Butterkeks – begrüßt. Vor der Jurte sind Fohlen und Kälbchen angepflockt. „Das gehört zur mongolischen Milchwirtschaft", erklärt Suren augenzwinkernd. Die Kleinen werden stundenweise von den Müttern getrennt. Kommen diese mit prallen Eutern vom Weiden zurück, werden sie gemolken. Erst dann werden die Jungtiere losgebunden und dürfen ihren Hunger stillen.

Ob Milch, Fleisch oder Wolle: die Nomaden nehmen sich nur, was sie selbst zum Überleben benötigen. Alle Tiere, allen voran die Pferde, leisten ihren Beitrag und sind unendlich wertvoll. Die Nomaden gehen achtsam mit der Natur und den Tieren um, doch für Sentimentalität ist kein Platz. Es sei denn, es handelt sich um Rennpferde. Sie sind die Ferraris der Steppe und bringen selbst die härtesten Männer ins Schwärmen.

Rennpferde bekommen Namen, werden gehätschelt und in unzähligen Liedern besungen. Surens Cousin Amarsaikhan ist Rennpferdezüchter. Ein Falbe steht eingedeckt bei seiner Jurte. Und das bei fast 30 Grad. Die Rennpferde sollen ordentlich schwitzen, dann purzeln die Kilos, erklärt Suren. Nur leichte

Steppenreiter im Deel, dem mongolischen Seidenmantel.

Pferde sind schnelle Pferde, nur leichte Jockeys sind siegreich. Deshalb reiten in der Mongolei Kinder zwischen sieben und zwölf Jahren Rennen. Sie lassen sich von den Züchtern anheuern und bekommen als Lohn Medaillen, Ruhm und ein paar Tugrik. Amarsaikhans Jockey ist Javkhaa, einer der Jungs, die uns begegnet sind. Die wilde Jagd über die Steppe war ein Trainingslauf. Denn am Wochenende ist Naadamfest in Bornuur und Javkhaa wird mit Pferden verschiedener Altersklassen an den Start gehen.

Mongolische Krieger haben einen grenzenlosen Willen, ihre Pferde grenzenlose Kraft.

Mongolisches Sprichwort

Furchtlos jagen die Knirpse über die Steppe

Naadam-Fest
Das Rennen der wilden Knirpse

Eriin Gurwan Naadam – das sind die drei männlichen Spiele, bestehend aus Ringen, Bogenschießen und Pferderennen. Sie sind Bestandteil des Naadam, des mongolischen Nationalfestes.

Jede Provinzhauptstadt hat ihr eigenes Fest im Vorfeld des großen Staatsnaadam in Ulan Bator. Am Pferderennplatz von Bornuur treffen wir Surens Familie wieder. Javkhaa hat schon sein leuchtend orangenes Renntrikot angezogen. Ein stürmischer Wind pfeift über die Steppe und wirbelt Staub auf. Die kleinen Jockeys bewegen sich auf ihren schmächtigen Pferdchen zum Sammelpunkt. Javkhaas erstes Rennen ist das Shudlen, das Rennen der Dreijährigen.

Einige der Knirpse tragen einen Helm, doch viele reiten ohne jeden Schutz, ohne Sattel und sogar ohne Schuhe, um Gewicht zu sparen. Einzige Sicherheitsvorkehrung: die Rennstrecke ist kerzengerade. Die Distanz beträgt zehn bis dreißig Kilometer, je nach Altersklasse der Pferde. Vor dem Rennen reiten die knapp hundert Teilnehmer erst mal die gesamte Strecke im strammen Trab von der Ziel- bis zur Startlinie. Somit haben die Pferde schon viele Kilometer in den Knochen, bevor das Rennen überhaupt losgeht.

Dank Surens guter Beziehungen darf ich im Ambulanz-Jeep mit zur Startlinie fahren, um dort Aufnahmen zu machen. Der Fahrer hat alle Mühe, den trabenden Pferden über den holprigen Boden zu folgen.

Am Start gibt es kein Halten. Die Kinder wenden und feuern mit lautem „Tschu!" (Vorwärts!) ihre Pferde an. Ich halte Ausschau nach Javkhaa, doch das losprechende Feld verschwindet bald in einer riesigen Staubwolke. „Der Staub des Pferderennens in der Lunge bringt Glück", schwören die Mongolen, die auch als Zuschauer genug davon abbekommen.

Das Rennen der Soyolon, der Fünfjährigen, passe ich an der Ziellinie ab. Gebannte Stille. Alle starren nach Westen. Kaum wird die Staubwolke am Horizont sichtbar, bricht die

Der Khadak, ein blaues Seidentuch, symbolisiert nach buddhistischem Glauben den Himmel und soll Glück bringen.

Menge in johlendes Gebrüll aus. Weit auseinandergezogen nähern sich die Reiter. An erster Stelle liegt die Nummer 119 – Javkhaa! Mit letzter Kraft erreicht sein Falbe „Khuren" das Ziel. Sogleich sind die Sieger umzingelt von jubelnden Massen. Amarsaikhan strahlt vor Stolz auf Javkhaa und „Khuren". Bei der feierlichen Siegerehrung wird der Junge mit Lobgesängen, Medaillen und einer Schale Airag geehrt. Mit einigen Tropfen der segensreichen Stutenmilch wird auch „Khuren" beträufelt. Der Wallach ist jetzt „Tumen eh". Dieser Titel bedeutet „Anführer von Zehntausend" und wird jedem Naadam-Sieger zuteil. Javkhaa ist müde aber glücklich und träumt schon vom Start in Ulan Bator zum großen Finale.

Ein verlorener Hengst ist leichter wieder einzufangen als ein unbedacht ausgesprochenes Wort.

Mongolisches Sprichwort

Mein magischer Ort

DIE STEPPE

„Alles, was lebendig ist, wird durch den richtigen Klang weich". Wie im Film „Die Geschichte vom weinenden Kamel" nutzen die Nomaden ihre Stimmen und Instrumente, um kranke und verstörte Tiere zu heilen. Es gibt Schlaflieder für Schafe, Treiblieder für Pferde und Lieder, die Muttertiere bewegen, ihre Jungen zu säugen. Die Wirkung der Musik spüre ich, als Surens Nichte Ariunzul ergreifende Lieder für mich vorträgt.

Noch nie haben mich Töne derart berührt wie die Melodien der Steppe. Ariunzuls Stimme, die faszinierenden Obertongesänge und die Klänge der Pferdekopfgeige gehen unter die Haut und lösen jeden negativen Gedanken auf.

Dabei ist es weniger das Mitgefühl, das Nomaden bewegt, ihre Tiere zu hegen und zu heilen. Es ist reine Notwendigkeit. Kranke Tiere sind eine Bedrohung fürs eigene Überleben. Artgerechte Tierhaltung ist nicht Programm, sondern einzige Option.

Knapp ein Drittel der rund drei Millionen Mongolen sind Nomaden, die trotz Mühsal, Verzicht und klimatischen Härten noch immer mit ihren Viehherden über die Steppen ziehen. Ich glaube, dass Zufriedenheit unter freiem Himmel beständiger ist als der immerwährende Griff nach den Sternen.

Vielleicht ist es die Magie dieser Urnatur, die Nomaden und Reisende gleichermaßen in ihren Bann zieht.

So wie der Mut der Mongolen unendlich ist, so ist der Wert ihrer Pferde unermesslich.
Mongolisches Sprichwort

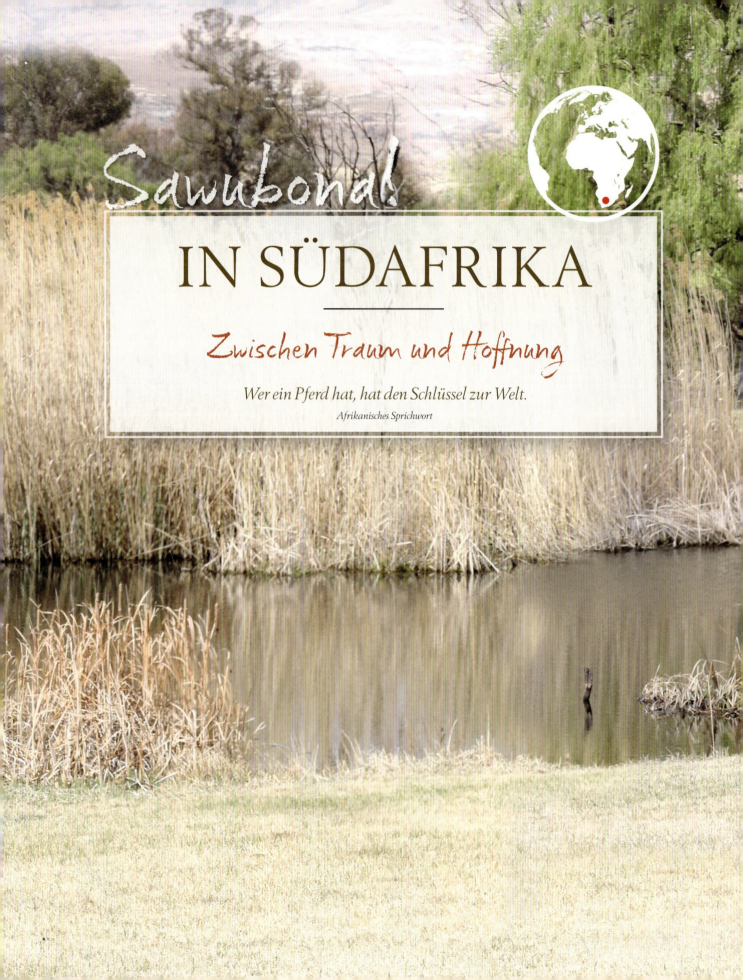

Sawubona!
IN SÜDAFRIKA

Zwischen Traum und Hoffnung

Wer ein Pferd hat, hat den Schlüssel zur Welt.

Afrikanisches Sprichwort

IN SÜDAFRIKA
Sawubona!

Enos Mafokate
Der Held von Soweto

Vor Lebo's Backpacker Hostel knistert ein Lagerfeuer. Schwarze und Weiße starren in die Flammen und wippen im Takt von Rabzas Gitarrenspiel. Wir sind in Soweto, dem Southwestern Township von Johannesburg. Hier, so sagen die Einheimischen, schlägt das Herz Südafrikas, und deshalb beginne ich hier meine Reise in eine der aufregendsten Regionen.

Enos Mafokate, der schwarze Pferdeflüsterer, ließ sich von den Repressionen des Apartheid-Regimes nie seine Träume nehmen.

Lorraine von „Hero Holidays" macht mich mit ihrer Stadt vertraut. Wir plaudern mit Tshepo, einem jungen Mann mit rundem, freundlichem Gesicht und Trilby Hut. Er erzählt von seinem Freund Enos, dem schwarzen Pferdeflüsterer und vom Soweto Equestrian Centre. Wie bitte? Ein Reitzentrum in Soweto? Alles habe ich hier erwartet, nur das nicht. Das muss ich sehen!

Lorraine und Tshepo begleiten mich zu Enos Mafokate, dem Gründer und Leiter des Zentrums. Auf einem zwei Hektar großen Areal hat er mit Spendengeldern eine Reitanlage aufgebaut und ermöglicht schwarzen Kids den Zugang zum ansonsten elitären Sport der Weißen. Enos hat nicht vergessen, dass auch er als Kind die Chance hatte, bei seinem weißen Nachbarn John reiten zu lernen. Und das, obwohl die Gesetze der Apartheid die Freundschaft verboten. Mit enormer Willenskraft, Beharrlichkeit und außergewöhnlichem Talent schaffte er es als schwarzer Springreiter zu internationalem Ruhm.

Seine siebzig Jahre sieht man Enos nicht an. All sein Herzblut steckt in der Anlage. Voller Stolz führt er uns zu den Ställen, dem Reitplatz, den Weiden. An keinem Pferd geht er vorbei, ohne es zu streicheln oder ihm ein Stück Möhre zuzustecken. Viele seiner Pferde sind ehemalige Karrenpferde, einige wurden ihm gespendet, weil sie als Sport- oder Rennpferde ihren Vorbesitzern nicht genügten. Mit Liebe, Können und Geduld hat Enos aus allen zufriedene, verlässliche Reitpferde gemacht.

Glückliche Soweto-Kids, die auf der Anlage von Enos reiten, voltigieren und mit Pferden lernen dürfen. Eine Insel der Ruhe und Freude inmitten von Johannesburg.

International erfolgreich: Enos' Voltigruppe. Dank Enos' Ermutigung wachsen die Kinder und Jugendlichen immer wieder über sich hinaus.

Am Nachmittag wimmelt der ganze Platz von kleinen und großen Reitern in abgewetzten Shirts und Reithosen, doch mit strahlenden Gesichtern. Enos gibt Voltigierunterricht, nebenan führen sich die Kids gegenseitig auf Ponys über das Gelände.

Enos' Reitzentrum ist ein Hort der Hoffnung. Er lehrt die Kinder voltigieren, reiten und springen, vor allem aber gibt er ihrem Leben eine sinnvolle Richtung. Wer kann, gibt ein paar Rand, doch Enos geht es nicht ums Geld. Einige seiner Reiter und Voltigierer haben es schon bis in die südafrikanische Nationalmannschaft geschafft. Das ist der schönste Lohn für Enos. Seine Vision: ein Reiter aus Soweto bei den Olympischen Spielen.

Bei all den Hürden, die Enos in seinem Leben genommen hat, wird sich ganz bestimmt auch dieser Traum erfüllen.

„Sport hat die Kraft, die Welt zu verändern."
Nelson Mandela

Moolmanshoek
Die Mini-Serengeti

Auf meinem Weg weiter nach Süden denke ich an Enos, an seinen Kampf gegen Armut und Unrecht. Moolmanshoek, eine luxuriöse Gästelodge mit Pferdezucht und Wildtierreservat ist eine völlig andere Welt. Ich fahre die kilometerlange Einfahrt zu dem feudalen Hauptgebäude der Lodge hoch. Welch ein Gegensatz!

BOERPERD

Das Boerperd, auch Kap-Pferd genannt, ist die Pferderasse Südafrikas. Die holländischen Kolonialherren brachten im 17. Jahrhundert die ersten Pferde nach Südafrika. Es waren Araber, Berber, Andalusier, aber auch Pferde aus Java. Das Boerperd ist heute ein kompaktes Sport- und Freizeitpferd. Mit ihrer Ausdauer, Trittsicherheit, Gangveranlagung, dem ausgeglichenem Wesen – und nicht zuletzt mit ihrem ansprechenden Äußeren – klettern Boerperds in meinem persönlichen Rassen-Ranking auf einen Spitzenplatz.

Der Goldfalbe „Caesar" ist einer der beiden Boerperd-Zuchthengste von Wiesman Nel.

Begegnung mit Elen-Antilopen, der größten aller Antilopenarten.

Mafie und Wiesman Nel, die Eigentümer, kommen mir entgegen und verdrängen mein ungutes Gefühl mit ihrer Herzlichkeit. Schwarze Butler, Kellner, Zimmermädchen und Pferdetrainer strahlen mich mit blitzend weißen Zähnen an. Kaum bin ich angekommen, sattelt Sampi, der Pferdetrainer, auch schon ein Pferd für mich, einen bildhübschen Falben namens „Moon".

Eine Gruppe Studenten hat sich für einen Ausritt in die Berge angemeldet. Manche sitzen zum ersten Mal im Sattel, doch Wiesman hat keine Bedenken, trotz halsbrecherischer Pfade durch die Witteberge. „Anfänger lassen die Zügel lang und vertrauen sich einfach dem Pferd an. Das ist oft besser als die Fortgeschrittenen, die die Pferde kontrollieren wollen und sie dann mit den Zügeln stören."

Wiesmans afrikanische Boerperds erklimmen schroffe Felsformationen wie die Gemsen. „Moon" trippelt geschickt über aalglattes Sandgestein und wiegt mich auf der Ebene im

Sampi, der Pferdetrainer von Moolmanshoek.

herrlichen Schaukelstuhl-Galopp. Die Studenten jauchzen vor Vergnügen, was die Pferde ebenso kalt lässt wie eine Gruppe Oryx-Antilopen, die verschreckt aus dem Gebüsch springt. Gelände und Wildtiere sind ihnen vertraut. Gnus, Zebras, Antilopen und Strauße kennen sie von klein auf. Bis zu ihrer Ausbildung leben die Jungpferde selbst wie Wildtiere in der Mini-Serengeti.

Unter dem Stern des Südens kredenzt Küchenchef Cliff zum Dinner Filet von Oryx oder Elen zum fruchtigen Pinotage. Afrika ist ein Wechselbad zwischen Arm und Reich, Schwarz und Weiß. Vom komfortablen Moolmanshoek ist es nicht weit nach Lesotho, einem der ärmsten Länder der Welt.

Ein Foto von berittenen Basotho-Hirten weckt mein Interesse. In Decken gehüllt, mit eigentümlichen Strohhüten sitzen sie auf schmächtigen Pferden, den Blick versonnen in die Ferne gerichtet. Ich fühle ihren Ruf und reise ins „Königreich im Himmel", wie der Bergstaat genannt wird.

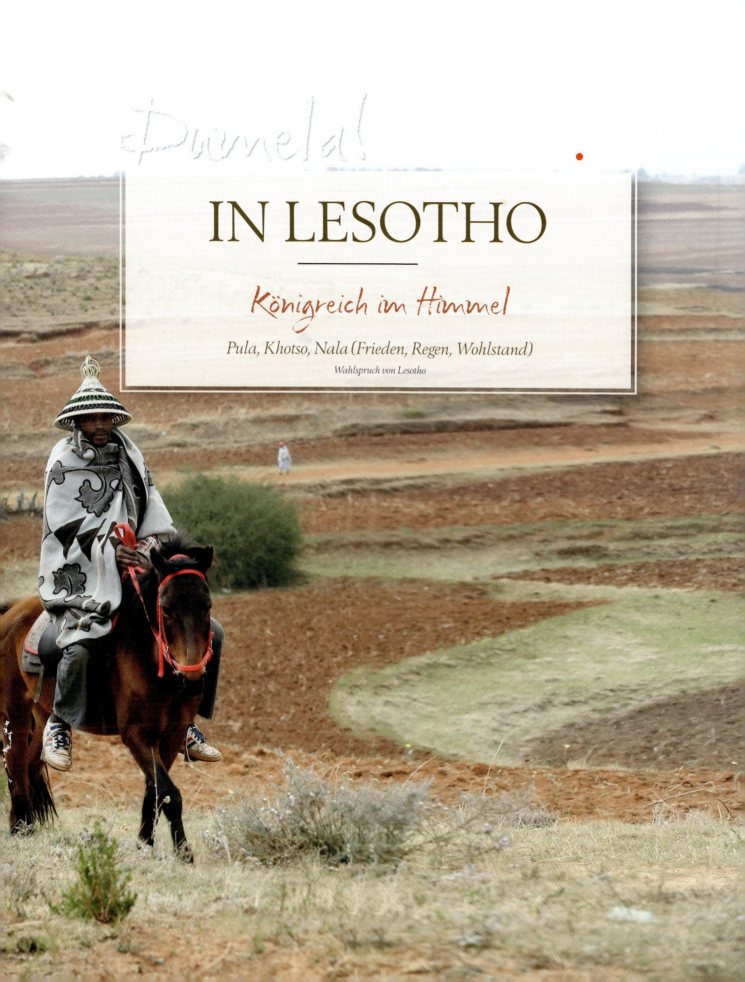

Dumela!
IN LESOTHO

Königreich im Himmel

Pula, Khotso, Nala (Frieden, Regen, Wohlstand)

Wahlspruch von Lesotho

Dumela! IN LESOTHO

Malealea
Zu Gast bei den Basotho

Mir stockt der Atem, als unsere Pferde am Abgrund entlang traben. David hält an, und wir lassen die überwältigende Aussicht auf uns wirken. Am Fuß der fast senkrechten Felswände windet sich ein halb ausgetrockneter Fluss durch den zerklüfteten Canyon. Wir befinden uns auf einem über 2000 Meter hohen Plateau der Maluti Berge in Lesotho, dem Land des Basotho Volkes.

Davids richtiger Name ist Nkhabane Mokala. Er ist Manager einer Gäste-Lodge im Gebirgsdorf Malealea. Die Besitzer Mick und Di Jones führen den Betrieb in Kooperation mit den einheimischen Nachbarn. Die Basotho verleihen ihre Pferde für Ausritte und verdingen sich auch gleich als Guides. So haben alle Beteiligten ihren Vorteil.

Auch David. Er hat fließend englisch gelernt und sich einen Namen zugelegt, den Europäer aussprechen können. Der 38jährige ist in Malealea aufgewachsen, kennt fast jeden und macht Besucher und Basotho miteinander bekannt. Auf unserem Ritt über das Plateau passieren wir Schafe und Ziegen. Viehhirten sind in Decken gehüllt, tragen Strickmützen oder einen Mokorotlo, den typischen kegelförmigen Basotho Hut, der zugleich Wahrzeichen des Landes ist. „Dumela" ruft David ihnen zu, sein Gruß wird mit freundlichem Winken erwidert.

„Was für ein Leben!", denke ich und fühle mich weiter weg von zu Hause denn je. Bewusst atme ich die kühle reine Luft. Meine Blicke schweifen über Gipfel, Weiden und rotes Ackerland. Kühe grasen seelenruhig am Abgrund. Menschen und Tiere sind mit dem Terrain vertraut. Sie stapfen über halsbrecherische Pfade als wären es Spazierwege. Einer der Hirten ist Pitso Mafa. Er führt uns in sein Dorf, das von

Typisch Basotho: Pitso und seine Kinder vor der Rundhütte, dem Rondavel.

KÖNIGREICH IM HIMMEL

Dieser Beiname Lesothos steht weniger für Reichtum als für die Höhenlage der Monarchie. Der höchste Berg ist der Thabana Ntlenyana mit 3482 Metern. Der tiefste Punkt Lesothos liegt in 1500 Metern Höhe. Das ist der höchste tiefste Punkt eines Landes weltweit.

steilen Hangweiden umgeben ist. Es gibt weder Strom noch Straßen. Die wichtigsten Transportmittel sind die Pferde. Ein Brunnen versorgt Menschen und Tiere mit Wasser. Gemächlich rumpelt ein hölzerner Ochsenkarren durch das Dorf. Wir betrachten die Basotho als armes Volk, schauen mitleidig auf die dünnen Pferde. Ich frage mich: Sind sie wirklich zu bedauern? Die Menschen haben alle Zeit der Welt, und die Tiere alle Freiheit.

Als die Sonne tiefer sinkt, schwingen sich Pitso und sein Cousin auf die Pferde, um die Schafe für die Nacht in den Pferch zu treiben. Ich denke an das Bild, das mich so fasziniert hat, und bekomme Gänsehaut. Wir bedanken uns mit ein paar Maloti bei der Familie und machen uns auf den Heimritt.

BASOTHO-PFERD

Im isolierten Land der Basotho entwickelte sich aufgrund der Höhe, des Terrains und des knappen Nahrungsangebotes ein kleiner, extrem zäher, ausdauernder und trittsicherer Pferdetyp: das Basutopony oder Basotho-Pferd.

Welkom!
IN NAMIBIA

Die wilden Pferde von Garub

„Hier bin ich, wild und frei ... Es gibt keinen Ort auf der Erde, wo ich lieber wäre."

Telané Greyling

IN NAMIBIA

Wüstenpferde
Leben am Limit

Kerzengerade zieht sich die Nationalstraße B4 durch die südliche Namibwüste vom Örtchen Aus in die Küstenstadt Lüderitz. Warnschilder weisen auf Wildpferde hin. Staub und dürre Zweige tanzen im Wind. Am Horizont zeichnet sich die Silhouette einer Pferdegruppe ab, die gemächlich heran trottet. Wie eine Fata Morgana flirren ihre Konturen in der heißen Luft.

Ihr Ziel ist die Tränke bei der ehemaligen Bahnstation Garub. Sie wird aus dem Bohrloch gespeist, das einst Dampfloks mit Wasser versorgt hat. Diese Tränke hält die Pferde der Namib am Leben.

Bevor sie ihre Köpfe zum Saufen senken, schauen sie sich um. Dann stillen sie ihren Durst, schmatzen, schütteln die Mähnen und trotten wieder von dannen. Nicht nur Wasser, auch Nahrung ist rar. Ein paar dürre Sträucher wachsen auf dem endlosen Sandboden. Um Energie zu sparen, bewegen

An der Tränke begegnen die Wüstenpferde einheimischen Oryx-Antilopen, die ebenfalls dankbar für die künstliche Wasserversorgung sind.

sich die Pferde meist langsam – anders als es Filme gern vermitteln. Ein paar Kilometer von der Tränke entfernt dient das verfallene Bahnhofsgebäude den Pferden als einziger Schattenspender. Zwanzig, dreißig Pferde haben sich hier versammelt. Bis auf kleine Streitereien herrscht Friede. Selbst Hengste tolerieren sich in einer Gruppe – solange jeder die Rangordnung respektiert. Ein Fohlen knabbert am Ohr seiner duldsamen Mutter. Junghengste inspizieren neugierig das Innere der Ruine.

Meine Anwesenheit stört die Tiere nicht. Schon seit über hundert Jahren leben die Pferde hier von Menschen unbehelligt. Nur in der Dürre von 1998 wurde Luzerne zugefüttert, seitdem sind die Pferde zutraulicher geworden.

Um zu überleben, fressen sie die eigenen Exkremente, aus denen sie Fett und Mineralien beziehen. Ein kräftiger junger Hengst bricht dürre Zweige von einem Strauch und zerkaut sie langsam. Die Pferde sind schlank, zum Teil dünn. Es herrscht das Gesetz der natürlichen Auslese. Kranke, ausgezehrte Pferde fallen Hyänen oder dem Hungertod zum Opfer, doch auch wenn die Natur ihren Tribut fordert, so leben diese Pferde doch in grenzenloser Freiheit.

Pferde-Treffpunkt Alter Bahnhof. Die Ruine ist der einzige Ort, an dem die Pferde etwas Schatten finden

Frei geboren: Das Leben der Pferde ist hart, manchmal gnadenlos – und dennoch vielleicht glücklicher als so manches Dasein in der Box.

NACHWORT

„Wo hat es dir am besten gefallen?" wollten Freunde wissen, als ich meine Weltreise abgeschlossen hatte. Doch die Frage ist kaum zu beantworten. Jedes Land hat seinen eigenen Zauber, jedes Reitervolk hat sein Wissen, alle Pferde haben ihren besonderen Charakter.

Auf jeder Reise habe ich mich auch selbst neu entdeckt. Im Alleinreisen konnte ich mich ganz und gar auf das jeweilige Land einlassen. Ganz bewusst habe ich die eigenen Denkweisen zurückgelassen und versucht, andere Perspektiven anzunehmen. Ich glaube, das war ein wichtiger Schlüssel, um im Reisen Sinn und Glück zu finden.

Es war mir wichtig, immer den Blick aufs Ganze zu richten. Ich habe nicht nur die Reitweisen oder Wettkämpfe betrachtet, sondern immer auch die Pferdehaltung, die ja den größten Teil des Pferdelebens bestimmt. Gerade weil ich unvoreingenommen gereist bin, habe ich rund um die Welt kostbare Freundschaften und Erkenntnisse gewonnen.

In der Ferne wurde aber auch der Blick aufs eigene Land geschärft. So sehr mich fremde Länder faszinieren, so deutlich sehe ich das Positive in der Heimat, vor allem unseren Wohlstand und unsere Empathie gegenüber den Tieren.

Ich glaube nur, bei uns machen sich viele Reiter zu oft Gedanken, was alles passieren könnte. Ich möchte die Menschen ermutigen, Ängste abzustreifen, dem Herzen zu folgen und Pionier im eigenen Leben zu sein.

Erfahrungen und Erinnerungen sind Schätze, die uns niemand nehmen kann.

Mein Dank gilt allen, die mich ermutigt und unterstützt haben und zur Entstehung dieses Buches beigetragen haben.

NÜTZLICHE ADRESSEN

Neuseeland

Familie John
Airbnb / CoroBase
www.airbnb.de/rooms/7922066

The Kawhia Kids Horse Riding Club
www.horseriding.kiwi.nz

Kaimanawa Heritage Horses
https://kaimanawaheritagehorses.org

Kate's Riding Centre
www.katesridingcentre.co.nz

Marokko

Club Farah
www.clubfarah.com
www.reit-safari.de

Großbritannien

Dartmoor Nationalpark
www.dartmoor.gov.uk

Exmoor Ponys
www.moorlandmousietrust.org.uk

New Forest Nationalpark
www.newforestnpa.gov.uk

Welsh Mountain Ponys
www.breconbeacons.org

The Ponyclub
www.pcuk.org

Arclid Shires and Clydesdales
www.arclidshiresandclydesdales.com

Schottische Highlandponys
www.ormistonhighlands.com

USA

Pryor Mountain Mustangs
www.pryormustangs.org

Diamond Hanging Seven Ranch
Larry Falls Down
www.crowcountry.com

Kanada

Calgary Stampede
www.calgarystampede.com

Alberta Wildies
http://helpalbertawildies.org

Australien

Bonrook Station / Foundation Franz Weber
www.ffw.ch

Katherine Outback Experience
www.katherineoutbackexperience.com.au

Bloomfield Stockhorses
www.haydonhorsestud.com.au

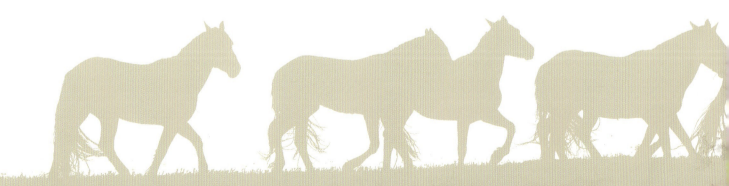

Indien

Princess Trails
www.princesstrails.com

Satish Madhania (Mountain Man)
City Travel, Shimla, Himachal Pradesh
toshasatish@gmail.com

Enchanting Travels
www.enchantingtravels.de

Argentinien

Estancia Buena Vista
Pferd & Reiter
www.pferdreiter.de

Festival de Doma y Folklore
www.festival.org.ar

Chile

Camp Antilco
www.antilco.com
www.pferdreiter.de

Mapuche Comunidad
Pablo Coñequir
PConequir@hotmail.com

Spanien

Yequada Querencias
www.yeguadaquerencias.com

Acampo Abierto
www.acampoabierto.com

Mongolei

New Global GmbH
www.newglobal.de
www.mongolei-rundreise.de

Südafrika

Hero Holidays
Lorraine Keenan
www.heroholidays.co.za

Soweto Equestrian Centre
Enos Mafokate
www.sowetoequestrianfoundation.co.za

Moolmanshoek
www.moolmanshoek.co.za
www.reit-safari.de

Lesotho

Malealea Lodge
www.malealea.com
www.nyala-tours.de

Namibia

www.nature-trekking.de

IMPRESSUM

Copyright © 2017 by Gabriele Kärcher, Weilheim/Teck
Herausgeber: evipo Verlag, Nicole Künzel, Fuhrberg www.evipo-verlag.com
Gestaltung und Satz: Designatelier Orterer
Titelfoto: Gabriele Kärcher / www.sorrel.de
Fotos Innenteil: Gabriele Kärcher / www.sorrel.de
mit Ausnahme von
Seite 66: Calgary Stampede Ranch
Grafik Seite 6/7: Fotolia © Naeblys
Illustration Weltkugeln: Fotolia © 123levit
Illustrationen Seite 9,58: Pisano
Lektorat: Christa-Maria Ossapofsky
Druck: Finidr, s.r.o., Czech Republic
Alle Rechte vorbehalten.

Die Deutsche Nationalbibliothek verzeichnet diese Publikation in der Deutschen Nationalbibliografie; detaillierte bibliografische Daten sind im Internet über http://dnb.ddb.de abrufbar.

Das Werk ist einschließlich aller seiner Teile urheberrechtlich geschützt. Jede Verwertung außerhalb der engen Grenzen des Urheberrechtsgesetzes ist ohne Zustimmung der Autorin unzulässig und strafbar. Das gilt insbesondere für Vervielfältigungen, Übersetzungen, Mikroverfilmungen und die Einspeicherung und Verarbeitung in elektronischen Systemen.

Printed in Czech Republic, 2017

ISBN: 978-3-945417-22-5

Haftungsausschluss
Alle Methoden und Anregungen im Buch sind anderen Kulturen und Traditionen verbunden. Sie sind nicht zum Nachahmen geeignet. Verlag und Autor übernehmen keinerlei Haftung für Personen-, Sach- oder Vermögensschäden, die im Zusammenhang mit der Anwendung oder Umsetzung entstehen könnten.

Mein magischer Ort

DIE WÜSTE NAMIB

„Der Ort an dem nichts ist" – das ist die Übersetzung von Namib. Tatsächlich leben die Wüstenpferde scheinbar von nichts. Sie haben mich gelehrt, wie wenig Pferde tatsächlich brauchen, um zu überleben. Sie trotzen den wohl härtesten Bedingungen und ertragen bis zu 50 Grad Hitze. Schatten suchen sie vergeblich. Eine einzige Tränke gewährt ihnen einen Aktionsradius von maximal 40 Kilometern. Jede weitere Entfernung hieße Verdursten. Sie sind Gefangene der Wüste. Es gibt kein Entrinnen aus dieser Hölle. Jeder Tag ist eine Prüfung mit dem Lohn des puren Überlebens.

Und dennoch – oder gerade deswegen – liegt eine unendliche Gelassenheit in ihren Augen. Es muss das Leben in der Herde und im natürlichen Familienverband sein, das ihnen Geborgenheit und Lebensfreude gibt.

Ich verbringe viele Stunden bei den Namib-Pferden, erfreue mich an ihrer inneren Kraft und ihrem ganz besonderen Zauber.

„Wenn deine Träume dich nicht erschrecken, sind sie nicht groß genug."

Ellen Johnson Sirleaf